el viaje

de buenos aires a
miami en 95 días
por mar
gervasio goris

Título Original: El Viaje

de Buenos Aires a Miami en 95 días por mar

Autor: Gervasio Goris

Publicado en U.S.A. por Neworld Books,
a division of Neworld Music, LLC

Diseño de tapa: Andres Diez

Fotografía de tapa: Max Messulam

Prólogo por Diego Waisman

ISBN-10: 1624810047

ISBN-13: 9781624810046

Dedicado a aquellos que

pelean día a día por

concretar sus sueños.

A los navegantes.

A los expedicionarios.

A los que sueñan y a los que hacen.

Agradecimientos 7

Prólogo 9

Buenos Aires - Florianópolis 11

Santa Catarina 35

Cabo Frío - Vitoria 83

Vitoria - Salvador 93

Salvador - Recife 117

Barbados - Puerto Plata 213

Agradecimientos

La vida es un viaje. Todos lo sabemos.

Este viaje que comencé hace una década fue además el comienzo de una nueva vida. Una vida que hoy llevo con felicidad junto a mi nueva familia.

A ellos les debo mi agradecimiento por el tiempo que me permitieron dedicarle a este proyecto de escritura. A mi esposa Cynthia por su incasable apoyo en cada nueva aventura que decido encarar. A mis dos hijos, Tobías y Damián por ser el constante motor para continuar adelante.

A mi padre por su confianza y su respeto hacia las decisiones que me permitió tomar. A mi madre por haberle hecho sufrir la incertidumbre de tener a un hijo en medio del océano. A mi hermano Iñaki por haber sido el mejor cocinero que tuvimos a bordo y además por prestarme sus invaluables notas de bitácora. A mi hermana por tolerar mis abusos desde chica y aún hoy seguir fielmente a mi lado.

A mis amigos del alma por su constante cariño.

A los radioaficionados que nos apoyaron durante esta travesía y en especial a Eduardo Lastiri y Julio García por las cordiales charlas a través de la onda corta.

Especialmente le debo agradecer a Eduardo Demharter. Sin su apoyo y la infinidad de horas dedicadas, este viaje no hubiera sido posible.

Gracias por compartir esta travesía conmigo. Hasta la próxima.

~ Gervasio Goris

Gervasio Goris

Prólogo

Muchas son las razones que nos llevan como individuos a tomar caminos distintos. Razones a veces épicas, cómo es el caso de Ulises, u obsesivas, como en el caso del tiránico capitán Ahab.

Motivaciones que en la superficie pueden leerse como un simple desplazamiento de voluntades pero, que por debajo, conllevan otra lectura más universal que nos conectan a todos sin importar el lenguaje o la latitud. Historias que intentan, una y mil veces, de forma única y simultánea, la descripción, mediante aventura, desafío y adversidad, sobre lo que significa la condición humana.

La siguiente recolección de viaje pretende dar testimonio de esta travesía que Gervasio y Eduardo comienzan a bordo del Tremebunda, desde las turbias aguas del Río de la Plata, y a través del Atlántico para finalmente amarrar definitivamente en el cálido sur de la Florida. La narración nos lleva a revivir esos 95 días de viaje, permitiéndonos acompañar a sus protagonistas en cada alegría y desafío a bordo de la incansable goleta.

Esta es la historia de ese viaje, para ser revivida en tierra, cielo o alta mar.

~ Diego Waisman

Buenos Aires - Florianópolis

Día 1: La partida

Hace diez años comenzó el viaje más importante de mi vida. Había decidido llevar el velero familiar desde Buenos Aires hasta Miami, donde me iría a vivir junto a mi familia, que residía en esa ciudad desde 1993. Había pasado ya una década viviendo solo en Buenos Aires y sentía que había llegado el momento de reencontrarme con mi familia y rehacer mi vida en otro país. Pero antes tenía que completar un sueño que venía soñando desde chico: navegar a vela por las aguas del Atlántico hasta llegar a mi nueva morada.

Ya en el 2001 se me había metido esta idea en la cabeza, pero en aquella oportunidad no había tenido ni la dedicación ni el apoyo para poder partir. Durante todo el 2002 estuve preparando a la **Tremebunda** para poder afrontar la travesía de siete mil millas que nos aguardaba. Pero toda aventura necesita de apoyo para ser concretada.

A comienzos del 2002, mi padre me dio el apoyo para poder llevar al **Tremebunda** a Miami. No fue fácil convencer a mi madre, ni tampoco fue sencillo conseguir los recursos para poder lograrlo pero hubo un punto en cual supe que este viaje iba a concretarse. El día que Eduardo Demharter me confirmo que podría acompañarme durante toda la travesía fue el día en que supe que tendría a mi lado al capitán que necesitaba para poder concretar este sueño sin problemas. Esta importante adición a la tripulación fue decisiva para contar con el apoyo de mi familia y darle planeamiento riguroso a esta aventura. Con Eduardo decidimos revisar el barco de punta. Lo sacamos a tierra, se le hizo el fondo y la cubierta, se revisó el motor y hasta se le sacaron los mástiles. Cada rincón del velero fue escudriñado para estar seguros de que la nave estaría a punto para resistir las exigencias del viaje.

A fines del 2002 el barco estaba nuevamente en el agua y decidimos hacer la revisión final en una amarra del club que me vio crecer: el *Club Barrancas*. Allí me reencontré con muchos amigos que nos brindaron todo su apoyo para que pudiéramos partir a comienzos del 2003. El Barrancas fue también el club que nos proveyó al resto de los tripulantes: Daniel del Valle, Horacio Insua y Carlos Valente se sumaron a Eduardo y a mi para poder llevar al **Tremebunda** hasta Brasil. Ya pasadas las fiestas solo restaba cargar la nave y partir.

Además de comenzar este viaje tan importante yo estaba dejando la casa en la que había crecido en Vicente López. En una suerte de extraña mudanza por mar, cargue el barco de guitarras, micrófonos, cables, cassettes , libros y demás recuerdos. Mucho quedo en mi casa de la calle *Uspallata*: más libros, un estudio de grabación armado en lo que había sido el cuarto de mis padres, las historias de mi infancia. Los recuerdos y las amistades me las lleve a bordo como un recordatorio de que uno va cambiando pero sin dejar de ser el mismo. Hoy lo veo más claro que nunca: uno es el producto de las experiencias que ha vivido y ese conglomerado de recuerdos que de algún modo se almacenan en nuestras vagas memorias, es el banco afectivo del cual se compone nuestro carácter.

El día 4 de Enero lo teníamos todo listo pero no pudimos salir a causa de la baja marea que nos impidió cruzar por el canal boyado que comunica al Barrancas con el canal costanero. Hubo que tener paciencia y descansar por última vez en la cama de mis padres. Llego la víspera del Día de los Reyes y el agua estuvo lo suficientemente alta como para salir del club a eso de las seis de la tarde. Me emociona recordar el momento de la partida. Cinco almas ilusionadas partían hacia una travesía que nos aguardaba con miles de sorpresas. La emoción principal era la ansiedad y la incertidumbre. ¿Que nos aguardaría entre las miles de olas que nos tocaba aún surcar?

Tenía la sensación de ser un maratonista que sabe que al llegar aún le queda trepar un cerro, bajar en bicicleta y volver a correr otra maratón sin nunca detenerse. El apoyo y los conocimientos de la tripulación me brindaban una tranquilidad que no duraría mucho. Transitamos esa primera milla que todos habíamos recorrido ya tantas veces: por el canal del club hasta la boya veinte quinientos del canal costanero y de allí al famoso pilote 8 desde el cual nos despediríamos de Buenos Aires.

Cayo el sol mientras la costa porteña desaparecía en el horizonte. Todo parecía ir como lo habíamos planeado. Tuvimos que encender el motor por la falta de viento típica de un atardecer de verano en el Río de la Plata. Preparamos una cena sencilla, no recuerdo que. Se abrió un vino para celebrar la partida y comenzamos a repartir las guardias. Ya habíamos terminado de cenar cuando se me ocurrió ir hacia el camarote de proa donde me tocaría dormir. Al llegar escuche un ruido extraño y familiar a la vez: agua, pero del lado de adentro. Rápidamente destape la cucheta y casi con horror descubrió que todo el triángulo de la proa estaba repleto de agua. Nunca había visto tanta agua dentro del **Tremebunda** y menos en esa parte del barco. Con la preocupación de un posible retorno a puerto, me dirigí al *cockpit* donde los cuatro aún se contaban anécdotas de navegaciones pasadas y disfrutaban de lo que restaba del vino. Mi noticia los sorprendió tanto como a mi. Nadie sabia de donde podía provenir esa agua. Apagamos el motor y seguimos a vela mientras yo me dedique a sacar unos cincuenta baldes de agua.

Aquí viene lo curioso: una vez que logre sacar toda el agua esperábamos ver por donde venía, pero la proa se quedo vacía. No volvió a llenarse. El misterio sorprendía a todos. La falta de luz no ayudaba a encontrar el origen de esa humedad inesperada. Muchas provisiones se mojaron y parte de mi ropa, que se encontraba en la proa, también tenía el agua color de león adentro. De vuelta en el *cockpit*, se barajo la posibilidad de dar la vuelta hacia el club para verificar que era lo que estaba sucediendo, pero la realidad era que ninguno quería aceptar la derrota tan pronto. Además el agua había dejado de entrar o sea que aparentemente estábamos seguros. A cada rato bajaba alguno para verificar que la proa siguiera seca y en cada visita no podíamos volver a hallar ni una nueva gota. Pensamos que tal vez se hubiera pinchado el tanque de agua potable y, que de algún modo, ese agua se hubiera ido a la proa, pero esta explicación no convencía a ninguno. Las guardias se implementaron y yo me quede afuera disfrutando de la noche por un par de horas. Habíamos comenzado la aventura de mi sueño. Nada iba a detenernos. Al menos por ahora.

Día 2: Río Rosario

A la mañana siguiente me levante fresco sabiendo que el barco iba en buenas manos. El timón de viento fabricado por Daniel funcionaba a las mil maravillas. Era increíble ver la rueda del timón moverse sola en respuesta a los movimientos del barco. El piloto iría a convertirse en el miembro más importante de la tripulación hasta nuestra llegada, ya que timonearía un 99% del tiempo. Sin duda no podríamos haber concretado el viaje sin el timón de viento, que quedo bautizado como "*Danielito*" en honor a su creador. La buena brisa de la noche se agotó a media mañana y tuvimos que volver a encender el Volvo. No queríamos demorarnos en el río que todos ya conocíamos de sobra. Teníamos muchas millas por delante y era importante doblar la Punta del Este para enfrentarnos con el "*mar de en serio*".

No recuerdo bien quien fue, tal vez Horacio o Carlos pero al mediodía llego la noticia: había agua de vuelta en la proa. Esta vez había que solucionarlo. De algún lado provenía ese agua y con la luz del día íbamos a descubrir de donde era. De vuelta volvimos a sacar los 50 baldes de agua y determinamos que definitivamente era agua de río la que teníamos del lado de adentro. Estábamos a la altura de *Juan Lacaze,* que tenía un buen puerto, pero preferimos enfilar hacia el Río Rosario para poder detenernos más rápidamente (y sin hacer entrada formal al Uruguay) para verificar de donde venía el agua.

En todos mis años visitando la costa uruguaya a bordo de distintos veleros, nunca había ingresado al Rosario. Era como si el destino me llamara a conocer el único río del Uruguay que me faltara visitar. La idea era clara: entrar al Rosario, encallar el velero en algún banco de arena y buscar la entrada de agua hasta descubrirla. Mientras enfilábamos para la desembocadura del río pudimos comprobar que el agua venía por adentro de un refuerzo de fibra de vidrio del casco. Era como un tubo que terminaba en la proa, y era por ese tubo que se llenaba el compartimento, que se suponía fuera estanco, de la proa.

Algo habíamos determinado: el agua de allí venía. Ahora restaba descubrir porque se llenada ese refuerzo con agua de río. No sería fácil, dado que ese tubo recorre el barco de punta a punta y podía estar ingresando en cualquier punto de su recorrido de cuarenta pies. Fuimos recorriendo el tubo centímetro a centímetro sin encontrar nada. Ya adentro del río encontramos una pequeña playa a escasos quinientos metros de la boca que nos serviría perfectamente para encallar. Una vez encallados me tocó saltar al agua. Podía ser que algo nos hubiera golpeado el casco haciendo un pequeño agujero que justo estuviera en el refuerzo de fibra que desembocaba en la proa.

Recorrí el casco por la banda de estribor varias veces. El casco estaba perfecto. Nada nos había golpeado. El misterio era aún mayor que la noche anterior. Nadie podía entender por donde entraba esa agua. Entonces uno de los muchachos tuvo la idea que nos iba a develar el misterio: soplar con el inflador del bote por el lugar en la proa por donde veíamos que entraba el agua para poder ver si salían burbujas en alguna parte. ¡Excelente plan! Adaptamos el inflador para que sople por el agujero y los muchachos se turnaban apretando el inflador mientras Eduardo y yo recorríamos el casco por dentro y por fuera. Durante diez minutos no podíamos ver ni escuchar ninguna burbuja. Entonces se me ocurrió meterme en el único lugar que no habíamos revisado: el pañol de herramientas que esta debajo del *cockpit*. Aquí es donde este refuerzo misterioso se termina, llegando hasta el lugar en donde se une con el espejo de popa. Le pedí al voluntario del momento que siguiera ejercitando la pierna para intentar inflar ese refuerzo con presión de aire. Me arrastre por entre las velas para acercarme a la popa. Fue entonces que pude escuchar el burbujeo claramente. Por ahí entraba el agua: por la popa.

Grité exaltado desde esa cueva llena de velas y herramientas como si hubiera encontrado oro o petróleo. Supongo que la exaltación denotaba que si habíamos encontrado la vía de agua, podríamos repararla y seguir adelante con este viaje soñado. Me tocó una vez más meterme en el agua marrón para ver el problema desde afuera.

Justo en la popa había tres agujeritos, en los que habíamos intentado montar un sensor del ecosonda que no habían sido tapados adecuadamente. Estos agujeritos estaban por sobre la línea de flotación, por lo que si el barco estaba quieto o andando a vela el agua no entraba. Pero cuando el barco iba a motor la popa se hundía un poco, producto del empuje de la hélice, y era entonces cuando el agua comenzaba a acumularse dentro del refuerzo. Luego el agua corría por dentro del mismo hacia el otro extremo del casco donde hallaba el único escape a esa trampa de fibra de vidrio a la que había ingresado. Con solo tres tornillos y un poco de silicona el problema quedo solucionado. Podíamos retomar el camino por el Río de la Plata en busca de ese océano en el que inexorablemente todos los ríos desembocan.

Día 3: Ingresando en el Atlántico

Amanecimos en ese extraño espacio en el que las aguas del mar y del río se van mezclando poco a poco. Todos habíamos ya visto en viajes previos como el agua marrón del Río de la Plata se va azulando pasando por un sin fin de versiones del agua de mar que estaba esperándonos más adelante. Esta frontera en constante movimiento esta a veces frente a Montevideo y otras veces cuando el río gana la pulseada más cerca de Piriápolis. Curiosamente el límite oficial del *Río de la Plata* se encuentra en *Punta del Este* aún que todos saben que allí el mar reina desde tiempos inmemoriales. Pasamos frente a *Piriápolis* ya cerca del mediodía y el día, aunque caluroso, nos ofrecía una brisa refrescante que nos dejaba avanzar a vela las últimas millas de esta etapa ya navegada varias veces en travesías pasadas.

En cierto modo este día era el último que el **Tremebunda** pasaría en su área de confort, en el río que la vio nacer y desarrollarse, desde ese primer viaje accidentado hasta sus primeras travesías a la República Oriental y los viajes a Mar del

Plata de los noventa. Era un adiós al río a orillas del cual fue gestada. Era desprenderse de su origen para emprender otra etapa de su vida en otra parte. Era como una hermana que transitaba el mismo camino, bajo un mismo anhelo de buscar suerte en otro hemisferio.

La tripulación estaba de un humor excelente tras la parada en el Río Rosario. Se escuchaba música y se reestructuraban las guardias, ahora que teníamos la convicción de que este viaje estaba ya en marcha. Hacia el mediodía pudimos ver la Punta Ballena y a lo lejos la gente que vacacionaba. Pensaba en cuan distintas serian sus tardes de las nuestras durante los próximos meses. De seguro ellos estarían de vuelta en la labor dentro de una quincena mientras que nosotros estaríamos aún llevando el barco en rumbo norte.

Antes del atardecer dejamos la Isla Gorriti y la Punta del Este por babor. Es curioso saber que allí detrás de las sombrillas en alguna parte estaría sentada la madre de mis hijos a la que iba a conocer nueve meses más tarde en una playa de Miami Beach. Esto me hace pensar en la analogía de Cortázar que veía a las vidas como una madeja de lana y a las personas como moscas que van de un lado al otro, hasta entrelazar sus vidas de un modo inexplicable y misterioso. Este viaje era parte de la madeja, el movimiento del **Tremebunda** no era tan errático como el de un insecto pero si debo reconocer que nunca uno sabe lo que le espera. La vida se parece un poco a la travesía que estábamos iniciando. Sabíamos a donde queríamos llegar pero no teníamos la certeza de cómo o cuando íbamos a lograrlo.

Empezaba el Océano Atlántico. Del otro lado de la punta el mar no hacía diferencias. Este paso simbólico transcurría en un atardecer calmado que nos invitaba a soñar con una dulce travesía hasta la isla de Santa Catarina sin percances. A estribor la isla de Lobos nos brindaba el adiós a lo conocido y la bienvenida al océano en el que aún hoy vive el **Tremebunda**.

La noche trajo la pronosticada brisa del noreste. Sabíamos que tendríamos la corriente y el viento en contra durante un par de meses pero nada podíamos hacer. Para el norte íbamos y a la historia climatológica de la parte sur del Atlántico no la íbamos a poder cambiar.

Aquí empezó la etapa del motor. En 1986 mientras el **Tremebunda** se encontraba aún en los ya desaparecidos *Astilleros Chiappini*, mi padre había decidido instalarle al barco un motor Volvo de 42 caballos de fuerza. Había sido siempre un fiel compañero del velero,   que ahora a sus 17 años, empezaba a tener la mayor exigencia de su vida útil. La verdad es que no intuía lo mucho que íbamos a usar (y abusar) al pobre Volvo pero sin duda merece el reconocimiento en esta etapa inicial en su intento de ayuda para sobreponernos al viento del noreste y la corriente del Brasil, que infaliblemente te aleja del país que le da nombre. Durante la noche pasamos el famoso faro del *Cabo Polonio*. Decidimos apagar el motor para darle un descanso y abrir el rumbo apuntando al África.

Día 4: Adiós al Uruguay

La corriente del Brasil no nos lo hacía fácil. El viento en contra tampoco ayudaba. Todo el día nos llevo remontar esa costa uruguaya que parece tan breve en el mapa y tan extensa en la práctica. Estábamos comenzando a notar que no sería tan fácil combatir la corriente y el viento en contra y que, de no ser por el Volvo, estaríamos todavía cerca de la punta donde a esas horas la gente estaba volviendo de los *boliches*.

Fue una jornada de calor y ruido de motor. El combustible bajaba más rápido de lo anticipado y empezamos a darnos cuenta de que tal vez no tendríamos suficiente para llegar a Florianópolis. Se hizo de noche mientras nos despedíamos del Uruguay. Me acorde de una vez que pasamos una semana en el Chuy esperando un repuesto para nuestro auto mientras íbamos con mi familia de camino a unas vacaciones en Brasil. Me di cuenta de lo mucho que me había distanciado de mis familia durante la última década en la que había estado viviendo solo en Buenos Aires.

Mi familia y el recuerdo de las vacaciones de mi infancia me dieron una idea de porque estaba haciendo este viaje. No era solo un sueño de niño. Era también la decisión de un hombre que quería reencontrase con sus orígenes, con aquellos que más lo querían a pesar de la distancia. Mientras escribo esto me encuentro rodeado de una nueva familia, reflexionando acerca de las decisiones del día a día que tanto impactan sobre nuestros destinos. Aquel viaje fue importante para que hoy me encuentre tipeando esta crónica frente a esta computadora, que ademas de procesar palabras, hace ventas para el negocio familiar en el que día a día me gano un salario y la dignidad de poder darle un sustento a mi nuevo clan. Pienso en ese futuro que me espera tras estas paginas y en como cada decisión me irá llevando en un rumbo diferente junto a la nueva familia que construí en el país del norte.

Día 5: Río Grande

Creo que todos los miembros de la tripulación comenzamos lentamente a reconocer de que esta primera etapa no sería tan fácil como lo habíamos creído. Siendo todos navegantes a vela, estábamos acostumbrados al arrullo constante de las olas y el viento. Desde que entramos en aguas brasileñas era como si el océano nos hubiera puesto a prueba de un modo peculiar: no nos brindo mal tiempo, ni percances graves con los que lidiar. El examen fue un examen de paciencia, la principal virtud que todo navegante debe llevar consigo si quiere llegar a buen puerto.

Pasaban las horas y el viento del noreste no sobrepasaba nunca los 10 nudos. El motor era nuestra única opción. Calculo que estuvo encendido una 20 horas sin parar y todos sabíamos ya con certeza, que no habría combustible suficiente como para llegar hasta Florianópolis, que se encontraba aún a más de 400 millas de nuestra posición.

El **Tremebunda** había sido diseñado para ser un velero de crucero pero no para hacer travesías tan largas a motor como la que nos estaba tocando hacer. El tanque que se encuentra en la entrada central del barco, justo arriba del motor, carga 80 litros de combustible, lo cual nos daba como 40 horas de uso continuo del motor. Teníamos además un par de bidones de 20 litros en la proa, pero así y todo sabíamos que el combustible no nos iba a alcanzar.

Entonces Daniel sugirió entrar en *Río Grande*. El había parado allí en algún viaje que había hecho con su velero, el *Cenizo*, mientras aprendía acerca de las dificultades de navegar a vela hacia Brasil. Describió con lujo de detalle la entrada al puerto con esa imponente escollera de más de tres kilómetros de largo en la que se podía cargar combustible en una estación flotante a un par de millas para adentro. No haría falta ingresar hasta el pueblo que se encontraba como una hora de navegación mas adentro. Nos miramos y todos asentimos: era la opción más acertada. Cambiamos el rumbo durante algunas horas haciendo que la proa nos guiara hacia la costa de la cual, hasta el momento habíamos intentado alejarnos sin mucho éxito.

Cerca del mediodía comenzamos a ver la inmensa actividad de buques y pesqueros que transitaba en la rada del puerto. Un rato más tarde se divisaron las inmensas escolleras que dan ingreso al Puerto de Río Grande. Estas escolleras (que los locales llaman *moles da barra*) tienen la particularidad de tener vías dentro de ellas. Por ellas transitan unos carritos a vela (llamadas "vagonetas", las cuales van siendo conducidas por los "*vagoneteiros*") que ayudaron a transportar las piedras para construir la escollera y ahora se usan transportar turistas de un extremo al otro. Esta peculiaridad no la he vuelto a observar desde entonces.

Mientras ingresábamos por el canal nos cruzamos con

infinidad de pescadores que iban y venían hacia el mar que les brindaba el sustento. Me acorde de mi abuelo Negro que durante décadas paso sus tardes pescando en el Paraná, frente a   Zárate. También pensé sin titubear que el oficio de pescador debía estar entre los más nobles del planeta. Mi amigo Nicolás, con quien hemos hablado del tema de los oficios en nuestras sesiones de charlas "de color" sin duda estaría de acuerdo.

Tal como lo había pronosticado Daniel, la estación de servicio flotante se hallaba del lado de la escollera sur. Nos detuvimos y de inmediato comenzamos a escuchar el portugués de los pescadores que cargaban diesel y los empleados de la estación. Me sorprendió escuchar otro idioma tan pronto. Calculo que mi sorpresa era porque no se suponía que en el quinto día de viaje ya estuviéramos parando en Brasil.   Así empece a aprender que durante un viaje lo que uno espera es siempre bien distinto a la realidad que nos sorprende día a día. En solo tres minutos llenaron el tanque principal del **Tremebunda** y dos de los bidones extras que se usarían cuando el tanque fuera siendo consumido en las largas horas de motor que nos aguardaban. Pagamos en dólares y sin titubear nos soltamos de la estación flotante para seguir en el rumbo planeado. Hasta *Floria* sin escalas, aunque las sorpresas recién estaban comenzando.

Día 6: Cabo Mostardas

Era el sexto día de navegación y todos creíamos que, para ese entonces, ya estaríamos más cerca de la isla de Santa Catarina en la que desembarcarían Carlos y Horacio. Calculo que todos los navegantes deben de contar con este optimismo innato que los empuja a la aventura, sin pensar nunca en lo que pueda salir mal. Creo que el *mantra* del navegante debe ser algo así :

"Voy donde quiero ir, por la ruta que me quede más a mano, sin pensar en lo que pueda salir mal mientras reparo lo que haga falta y examino mi ruta para llegar a destino lo más pronto posible".

El objetivo siempre es un destino concreto: el llegar a puerto. El puerto puede cambiar, la ruta puede cambiar, pero la sensación de realización al arribo nunca deja de llenar el alma del navegante de orgullo. Desde una simple navegación diurna hasta el cruce de un océano, la satisfacción es siempre la misma: el hombre conquistando a la naturaleza y reafirmando su lugar privilegiado en este mundo. Entonces cuando la navegación no se hace fácil debido al mal tiempo, o el viento en contra, o lo que sea que se aparezca en nuestra ruta, el navegante se pone objetivos finitos y al alcance de su embarcación. En nuestro sexto día el objetivo era pasar el Cabo Mostardas.

Lentamente empecé a darme cuenta de cuan enorme es el Brasil. Durante los próximos meses me seguiría asombrando la enormidad de este país tan rico y vivo. Desde el mar todo se veía igual. Era una costa similar a la uruguaya. La gente también se parece un poco: los *gauchos* del sur de Brasil toman mate y ademas hablan el portugués con un acento que hace al idioma más inteligible para los que venimos del sur.

Como teníamos el tanque lleno anduvimos casi toda la tarde y la noche a motor. El viento no quería cambiar: del noroeste y suave. Fueron pocas las horas de navegación a vela las que nos tocaron en esos días, pero igual las mayores del **Tremebunda** siempre estaban izadas, listas para una brisa que nunca terminaba de afianzarse. Las dejábamos izadas con la esperanza de que con algún encanto especial pudieran llamar a *Eolo* para que les diera vida. Ya les tocaría ser protagonistas pero aún no era su hora . Aún nos quedaba ir contra la corriente y luchar en este empecinado remontar de la costa brasileña que nos retenía como una amante celosa. El Cabo Mostardas nos despidió con su faro que parecía indicarnos el camino hacia el norte. Todavía quedaba bastante costa por delante. Teníamos para rato, como el loco que se había decidido a comer tierra.

Día 7: Torres

Por la madrugada pudimos ver las lejanas luces de Porto Alegre, al otro lado de la *Lagoa Dos Patos*. Cada vez que miraba hacia la costa y podía divisar la civilización que habíamos dejado atrás me preguntaba como era posible que tantas existencias, tan diversas pudieran ser abarcadas por este universo confuso.

Allí en las luces había gente yendo a trabajar, jóvenes de juerga, personas durmiendo y gente con dolor. Aquí afuera a unas 15 millas de la costa un velero con cinco argentinos luchaba contra la corriente para transportarse hacia al hemisferio norte. Nadie intuía nuestra presencia. El mar es tan vasto e inabarcable que debe uno encontrarse en el como para llegar a intuir, al menos, la inabarcable y vasta inmensidad que lo rodea a uno.

Los mapas, las cartas náuticas y ahora los teléfonos móviles tratan de darle un sentido comprensible a esta inmensidad mediante la representación gráfica de las extensiones que recorremos. Es una gran ayuda el contar con estas herramientas y con la tecnología que hacen de un viaje como este, un posibilidad alcanzable. Pero de todos modos, toda la tecnología y la cartografía que nos es dada, no llega en modo alguno a transmitir la inmensidad del océano y la densidad de nuestras ciudades.

Cada vez somos más los que nos amontonamos en urbes y pocos los que, desde el vacío oceánico, pueden contemplar esta realidad de mundo superpoblado y océanos inexplorados.

Ya estábamos cerca de cumplir una semana desde la partida y todos comenzábamos a acostumbrarnos al ritmo del océano: las guardias pautadas, el almuerzo, las charlas y la llegada de la hora en la cual nos reconectábamos con el universo del cual veníamos. A las 7 de la tarde se prendía la radio de onda corta con la que íbamos a comunicarnos con los nuestros durante el resto de la travesía. Desde Zárate, la ciudad natal de mis padres, nos daba apoyo Eduardo *"El Negro"* Lastiri. Además, en la vecina ciudad de Campana, encontramos un nuevo amigo que nos haría de puente con la familia y amigos: Julio García.   Cada día se esperaba con ansias la hora de la radio. Las condiciones meteorológicas afectaban la calidad de la comunicación así que debíamos cruzar los dedos para que las condiciones fueran las adecuadas para el habla. Esta relación simbiótica la practicamos hasta el día del arribo y fue sin duda el apoyo moral necesario que tantas veces nos sirvió para seguir adelante con la tranquilidad de que nuestras familias estaban informadas sobre nuestro bienestar. Mi reconocimiento a todos aquellos que por medio de la radio nos dieron animo y nos ayudaron a seguir insistiendo con el rumbo norte hasta el día del arribo.

Hoy la radio todavía descansa en el segundo estante de la mesa de navegación pero lleva casi una década apagada. Es increíble como ciertos elementos pueden resultarnos tan indispensables en ciertas ocasiones para luego caer en un desuso total. La radio de onda corta sufrió el mismo destino que hoy sufre el fax, los teléfonos públicos y los cospeles del subte.

Es curioso pensar que en medio del mar no solo cambian las rutinas y las prioridades sino también las necesidades. El teléfono celular, del que tanto dependemos en nuestra vidas de urbanícolas, de poco sirve en alta mar sin esas torres horribles cerca para dar una señal.

Hoy vivimos en una sociedad interconectada por las redes sociales, las paginas de internet, los videos virales, pero nada de eso es tan real como la travesía que pude comenzar hace una década. Los días contaban con un tiempo laxo e inmedible y la tripulación se divertía del mejor modo posible intentando descifrar cuanto duraban las horas del mar.

Recuerdo que tiramos una línea con un señuelo amarillo atado a ella para ver si pescábamos algo. La idea de un pescado fresco nos hacia agua la boca a todos. Tras una media hora sentimos el tirón de la primera presa capturada durante esta travesía: un *espada* de solo un cuarto kilo. Al sacarlo del agua las esperanzas de una suculenta cena se desvanecieron. Ese pez no servía para comer por la cantidad de espinas y además tampoco hubiera podido alimentar a cinco bocas, así que retorno contento al agua, sin tener que cambiar su nombre propio a *pescado*. Igual nos divertimos un rato con la idea de la pesca como fuente de nuestros alimentos. Esta idea traería buenos resultados más adelante.

Tras toda una tarde de intenso calor, charlas y una sencilla cena pudimos sentirnos un poco más cerca del destino cuando a lo lejos vimos las luces de la ciudad de *Torres*. Muchos argentinos vacacionaban allí por ser la playa de Brasil más cercana a la capital de nuestro país. Otra vez pensé en cuan diferentes serían sus vacaciones de las nuestras. Este viaje parecía ser una sucesión de faros brasileños que nos despedían presentándonos al siguiente. La luz del faro de Torres solo nos iluminaba cada seis segundos como anunciando que más arriba nos quedaba un hito más por superar, al que recién llegaríamos al día siguiente: el cabo de Santa Marta Grande.

Día 8: El motor

Llegamos al octavo día de navegación, el día en el que todos suponíamos que estaríamos tomando una *caipirinha* en el *Iate Clube de Santa Catarina*. Pero estábamos aún a más de 200 millas de este popular destino para vacaciones y las condiciones no parecían ayudarnos para lograr un pronto arribo. Nada parecía indicar que fuéramos, por arte de magia, a llegar rápido y sin problemas a puerto. El ruido del motor nos tenía atontados, pero no nos quedaba otra que abusar del Volvo para llegar a culminar nuestra primera etapa.

Mientras escribo esto suena otro motor: el de la hidrolavadora, con la que mi esposa saca el musgo que se forma en el deck de la piscina de nuestra casa. Este otro motor me hace pensar en lo distinta que es mi vida de hoy en relación a mi vida de hace una década atras. No hay recuerdos que no sirvan para hacer una construcción de nuestro presente. El recuerdo del motor Volvo que nos acercaba a Floria es el recuerdo del camino que me tocaba recorrer para llegar a sentarme a escribir este libro junto a Damián, mi segundo hijo varón.

Cada paso que damos nos acerca de modo inevitable, a un futuro que se nos presenta como incierto, pero que si se analiza tiene el dictamen de nuestras propias acciones. Damián juega con un plato de cartón mientras su hermano Tobías, ya a punto de cumplir los dos años, duerme su siesta. La madre entra a ver como esta el bebe en un descanso que se toma de la tarea de limpieza del deck. Las rutinas de hoy son las rutinas de la inexplicablemente reveladora vida de familia. Poder haber llegado hasta aquí para armar la familia que hoy vive bajo este techo, me dice más sobre el funcionamiento de la humanidad que cualquier clase que haya cursado o libro que haya leído.

La acción y su impronta en nuestro destino me hace reflexionar aún más acerca de este viaje que se constituye en relato. La costa iba cambiando y nos mostraba los *morros* que comienzan a hacerse mas notorios mientas mas nos acercábamos a *Laguna*.

Hacia el fin de la tarde el motor comenzó a fallar, como si esos *morros* quisieran retenernos para mostrarnos todo su esplendor verde. Según los expertos de a bordo, el motor solo estaba andando en un cilindro, lo cual nos quitaba potencia y mucha velocidad. Calculo que avanzaríamos a tan solo dos o tres nudos. Intentamos varios trucos para devolver el motor a su pleno funcionamiento, pero no hubo caso: el motor seguía andando en un cilindro, lo cual significaba (para mis rudimentarias nociones de mecánica) que había dos pistones que no estaban funcionando. Seguimos parte de la noche a vela, tirando bordes para poder llegar a la rada del puerto de *Laguna*. Antes del amanecer volvimos a encender el motor, pero tras una hora de ver como el pistón luchaba contra la evidente falla, decidimos apagarlo y volver a lo que habíamos venido: a navegar a vela.

Día 9: Llegada a Florianópolis

Tras el bello amanecer pudimos dejar por el través el puerto de Laguna. A lo lejos se veían los barcos de carga y las escolleras de este puerto comercial del Estado de Santa Catarina. Teníamos casi a nuestro alcance la isla de Santa Catarina. Podíamos casi degustar el sabor del éxito. Pero aún faltaba entrar por el estrecho y surcar el canal de Santa Catarina hasta llegar a Floria. No nos quedaba otro remedio que forzar el motor para poder hacer el ingreso. Al mediodía divisamos la punta sur de la isla. El animo de la tripulación estaba en alza a pesar de la falla del Volvo. Nos quedaban pocas millas para llegar a nuestra completar nuestra primera etapa planeada y si el motor nos daba el respaldo, de al menos un pistón de empuje, llegaríamos en algún momento del día. La entrada a la bahía sur del canal de Santa Catarina se concreto a media tarde. El Volvo nos dejo entrar por el estrecho de *Naufragados*, que tal como el nombre lo indica, no es muy amigable, ni sencillo de pasar.

Justo entre el continente y la Isla de Santa Catarina se encuentra la Ira da Fortaleza de *Nossa Senhora da Conceição de Araçatuba* en la que aún quedan los vestigios de una fortaleza de la era colonial. Según los datos que me cuenta la internet, este antiguo fuerte data de fines del siglo XVIII y era parte de un red de fortificaciones que los portugueses edificaron para proteger la colonia. En el estado de *Santa Catarina* nada más, había 26 de estos fuertes. No parece haber dudas de la importancia que los portugueses le daban a esta colonia en América para la prosperidad del reinado.

La visita histórica duro solo unos minutos, dado que a pesar de la lentitud del motor, el avance se veía apoyado por las dos mayores, que nos ayudaban a mejorar un poco el rendimiento del barco. Por primera vez teníamos costa a ambos lados: a babor los imponentes morros y a estribor la isla de Santa Catarina con su encanto de paraíso de vacaciones eterno. El viento se entubaba entre los morros y la isla para ponerse justo de proa. Las mayores ya no servían para empujar y decidimos bajarlas de una vez.

Tocaría llegar hasta puerto con el pistón que aun le daba vida al motor. La lentitud del avance nos hacía apreciar aún más el pintoresco paisaje de *Santa Catarina*. Las casas en los morros nos observaban con atención en nuestro lento avance y el paisaje nos hacía pensar en como habría sido el arduo ingreso de los navíos, a través de ese estrecho, en la era colonial. Al menos nosotros contamos con el Volvo que mal o bien nos había traído hasta la latitud de los 27 grados. En aquella época debían aguardar un viento favorable para poder entrar o salir de un estrecho como el de *Naufragados*. Supongo que la impaciencia, el mal tiempo o la necesidad eran el motivo de los naufragios que le dan nombre al estrecho.

Mientras el sol caía tras el continente, divisamos los edificios de *Florianópolis*, la capital del estado y el puerto en el que atracaríamos para desembarcar a Carlos y Horacio. Además nos tocaría reparar el Volvo y reaprovisionar al barco para la siguiente etapa. Antes del atardecer pudimos ver los mástiles de los veleros amarrados en el *Iate Clube de Santa Catarina*. Ya casi no había luz cuando entramos al club sintiendo la satisfacción del haber, al fin, cumplido con la primera etapa de nuestro viaje.

Santa Catarina

Día 10: Capitanía dos Portos

Nuestra llegada a Floria trajo consigo una cantidad de tareas de naturaleza cuasi imposible, que eran necesarias para poder continuar hacia el norte. Por un lado se debía ir a la *Capitanía Dos Portos* para dar entrada a Brasil y no habiendo delegación en *Florianópolis*, nos tocaba ir hasta *Laguna* (el puerto por el cual habíamos pasado hacia dos días). Estas son las cosas increíbles que uno descubre viajando: un puerto sin lugar donde dar la entrada.

Decidimos que Carlos, Horacio y yo trataríamos de buscar un mecánico mientras Eduardo y Daniel iban a dar la entrada al país en taxi. Si mal no recuerdo, era un viaje de más de una hora en auto, por lo que tenía que darle a los muchachos unos cuantos dólares del presupuesto de viaje para abonar el paseo. No se porque, pero se me había ocurrido que debajo del piso de la mesa de navegación sería un lugar seguro para guardar el dinero. Seguro era, pero también era húmedo. Mi billetera de cuero con todo los dólares del presupuesto para el viaje estaba empapada. Nunca había visto agua en esa sección del barco pero prontamente fui tomando en cuenta que en un viaje así de largo, uno descubre cosas de su barco que nunca había conocido.

En este caso el descubrimiento fue que el barco no era estanco. Como dice el refrán marinero "todo barco tiene una lágrima". Ademas de abajo de la mesa de navegación, también encontramos agua salada en todos los compartimentos que se hallan debajo de los pisos, pero eso no era problema, porque podíamos secar ese agua con una esponja y un balde.

El problema fue que la billetera de cuero había desteñido y manchado todos los billetes de cien. Les di un par que no estaban muy manchados a Eduardo y Daniel, que fueron prontamente para la *Capitanía de Laguna*. Mientras yo empezaba a afilar mi rudimentario *portuñol* preguntando por un buen mecánico en el *Iate Clube*, Eduardo y Daniel lidiaban con la burocracia en la Capitanía que por ese entonces tenía casi 8 décadas de haber sido establecida. Era como si la antigüedad del lugar le diera una dosis extra de burocracia que cualquier navegante siente como la antítesis de su amor por el mar. Les tomo todo el día ir, esperar varias horas en *Laguna* y regresar hasta Floria. Los tres que nos habíamos quedado estábamos un poco preocupados por la demora pero ya entrada la noche los vimos subiendo al barco con una sonrisa que lo decía todo: lo habían logrado – estábamos ingresados a Brasil y podríamos navegar la interminable costa hacia arriba sin problemas. O eso creíamos.

Día 11: El mecánico

Había llegado el día de despedir a Horacio Insua y Carlos Valente, que debían retornar a sus obligaciones en Buenos Aires. Luego de una emotiva despedida los vimos caminando hacia la rambla que los llevaría la terminal de ómnibus de *Florianópolis*. Les aguardaba un largo viaje en bus hasta la capital de nuestra Argentina. Me imagino las charlas entre ambos durante el trayecto comentando las peripecias pasadas y conjeturando sobre nuestro futuro en el mar. Fue importante contar con estos dos amigos en esta primera etapa con tantos inesperados incidentes. Si mal no recuerdo fue uno de ellos (tal vez Carlos) el que sugirió la idea de soplar con el inflador del bote,cuando intentábamos descubrir por donde entraba el agua en el Rio Rosario.

La cordialidad y el compañerismo entre los cinco había sido impecable durante los primeros nueve días de navegación. No importaba si alguno se mareaba, los demás estaban ahí para asistirlo. No había ordenes, se hacia lo que se debía hacer para alcanzar el objetivo común.

El segundo día en Brasil fue el día en el que por fin encontramos un mecánico recomendado por alguien del club. Como no sabían el teléfono había que ir a buscarlo a su taller, que se encontraba al otro lado del puente, del lado del continente. Llegamos bastante bien con las indicaciones que nos había dado el socio que lo había recomendado. Al entrar preguntamos simplemente por *Gaucho*. En seguida salió un hombre de edad intermedia con las características que uno espera observar en un mecánico: ropa color violeta, manos engrasadas y sudor en la frente. Nos dijo que podría ir al *Iate Clube* al día siguiente para ver que le pasaba al motor de la **Treme**. Nos volvimos contentos pensando que tal vez al día siguiente el motor ya estaría reparado. De vuelta en el club decidimos tomarnos unas *cervejas* en el bar. Recuerdo que el calor era agobiante y Daniel pidió, además de la cerveza *Brahma*, una lata de *Fanta* Naranja. Nunca había probado la interesante combinación entre la cerveza y la gaseosa anaranjada. Aún hoy recuerdo esa mezcla primigenia, cuando por algún motivo se me ocurre combinar ambas en mi casa de *North Miami*. Ciertas cosas se quedan en nuestra memoria marcadas a fuego, como si quisieran decirnos algo que no logramos descifrar. Esa naranja con cerveza nos calmo la sed y nos dio el relax necesario para esperar hasta el día siguiente cuando llegaría *Gaucho* a reparar el Volvo.

Día 12: El diagnóstico

Todo en Brasil parece tener un ritmo propio y distinto al ritmo del resto del planeta (o al menos del ritmo de las zonas del globo que me ha tocado recorrer). Sin ánimos de criticar, podría aseverar que los brasileños tienen una concepción del tiempo muy particular, que hace que no utilicen conceptos tales como una hora precisa sino que digan frases como : por la tarde o a *manhã*, como queriendo referirse al tiempo como una ventana que se abre y se cierra durante un lapso y no a un corte cronométrico en nuestras existencias.

Todo esto es para decir que estuvimos esperando a *Gaucho* buena parte del día. Por fin llegó sin mucho apuro, y sin nada de remordimiento, hacia el fin de la tarde. Fue exhaustivo en su análisis y coincidió con nuestro diagnostico inicial de que no llegaba bien el combustible a los pistones uno y tres. Le tocó desarmar los inyectores para ver lo que estaba pasando y enseguida encontró la falla: los inyectores estaban todos empastados y habría que reemplazarlos.

¿Eso era todo? Que bien, entonces podríamos irnos pronto para Angra. No tan rápido, debía verificar si la distribuidora de Volvo le podía enviar estos inyectores en esa semana. Calculó que en dos o tres días los podría tener. Nuestras esperanzas de una pronta partida se desvanecieron.

Aquí es donde comencé a darme cuenta de que la principal virtud que todo marino debe poseer es la paciencia. Nos tocaría esperar porque aún nos quedaban miles de millas con la corriente y el viento en contra y el motor sería tan necesario como el agua o la comida.

Día 13: Dólares marrones

La moneda en curso se ha transformado en el método de intercambio de valores de uso más común en nuestra sociedad. Son pocos los rincones del planeta en los cuales no hay moneda. El valor que se le asigna a los bienes y servicios esta casi siempre ligado a un valor monetario, un valor de cambio. Por este motivo es que necesitábamos *Reais*: para sobrevivir. Habría que pagar por los víveres para seguir con la travesía y además pagar por la reparación del motor y los repuestos que harían falta para que el Volvo volviera sonar con sus tres cilindros pateando.

Era imperativo que encontráramos donde cambiar los dólares manchados a *Reais*. Estaba convencido que en las casas de cambio de la peatonal del centro encontraríamos donde hacer la transacción. Empezamos por los bancos oficiales y ninguno nos quería tomar siquiera un dólar manchado. Se daban cuenta de que eran genuinos, pero dado que estaban manchados, no los podían aceptar. Acto seguido, probamos suerte en casas de cambio y tras revisar todos los dólares, me cambiaron dos billetes de cien que tenían solo una mancha muy menor.

Pero necesitábamos más *Reais*, así que seguimos buscando hasta que una persona en la calle (que en Argentina llamamos arbolitos) nos ofreció un cambio desfavorable, pero posible por los dólares manchados. Era un cambio poco favorable pero que nos permitía seguir. Tomamos la mala oferta para poder avanzar en algo.

Después del intercambio de moneda pudimos acceder a la Internet que se vendía por minutos en los *cybercafes* del centro para mandar los primeros correos electrónicos   relatando las peripecias de esta etapa a algunos familiares y amigos.

Recuerdo que luego llame a mis padres a Miami, para contarle sobre los contratiempos y la demora. Teníamos que buscar alguna solución al tema de los dólares marrones. Le tiramos la pelota financiera a mi padre, que tendría que buscarnos algún modo de mandar dólares verdes a algún puerto en nuestra derrota.

Volví al barco con una cierta desazón. Tenía la sensación de que nada era perfecto. De que el mundo era una caja llena de sorpresas que en general   parecían estar oponiéndose a nuestro noble objetivo de transporte náutico. Pero no era hora para que pesimismo nos ganara la batalla. Ya encontraríamos la ruta para seguir subiendo, milla tras milla, hacia nuestro destino.

Día 14: Paseo por la Barra da Lagoa

Decidimos ir de paseo con Eduardo. No había nada que hacer más que esperar a que los repuestos llegaran desde *Joinville*. Comenzamos sin querer a adoptar una filosofía más brasileña: había que dejar la ansiedad de lado y unirse al espíritu de relax que rige las vidas en Brasil. Recuerdo que tomamos un bus que cruzaba la isla de oeste a este y que nos dejaría en las playas del Atlántico, donde vacacionan mayoritariamente los brasileños del sur. El viaje de ida fue muy interesante y pudimos observar la frondosa vegetación de la isla durante el ascenso y descenso al morro que divide a la isla en dos.

Al otro lado de la cadena orográfica que el bus recorre cada día, se encuentra un pintoresco pueblito: *Barra Da Lagoa*. Se llama así debido a la *Lagoa Da Conceição* que se encuentra cerca del océano y se conecta con este a través de un arroyo. Era la tarde para hacer turismo y hacer de cuenta que estábamos de vacaciones como el resto de la gente. Pero no podíamos separarnos de nuestra misión.

Éramos como un agente secreto, que en medio de la diversión, la fiesta y las *caipirinhas,* esta alerta a su entorno por si algo sucediera. Pero allí en *Lagoa,* nada iba a suceder que pudiera cambiar nuestra situación: tocaba esperar a los repuestos y a la voluntad de *Gaucho* para reparar el motor de nuestra nave.

Aceptar esta realidad nos permitió disfrutar de la tarde y caminar por la *Praia Mole* en *Barra da Lagoa*. El viento del este llegaba desde el Atlántico brindando frescura a los turistas y de vuelta nos recordaba que podríamos estar aprovechándolo para navegar en rumbo noreste. Recuerdo el caminar entre los vendedores de *milho* cocido y *zuco da cana*. A lo lejos veíamos una pelota de fútbol que volaba por el aire. Pensé que se trataba de fútbol de playa, disciplina en la cual los brasileños dominan. Al acercarme me sorprendí viendo los cuerpos de los cuatro jugadores volar por el aire tirando chilenas, parando la bola con el pecho y cabeceando a distancias disímiles. Era un partido de "*Fut-Voley*" como el que nunca había presenciado. No tenía nada que ver con los partidos de "*cabeza*" que jugábamos en el Barrancas con mi hermano, los Martucci, los Maculan, Chicho y Demian.

Era más bien la versión más acrobática del fútbol que haya observado jamás. A dos metros de altura, la red de vóley era testigo de esta proeza brasileña que tiene más que ver con la acrobacia que con el deporte del fútbol. Nos sentamos por un rato embelesados por este *jogo* bonito. Al rato se termino la exhibición de acrobacia futbolística y entonces decidimos caminar un rato más hacia el lado del morro.

En este marco de inmensa belleza natural pudimos admirar a los avezados voladores intrépidos que se tiraban en *parapente* desde la *Ponta da Gravatá*. Flotaban con destreza por sobre el océano y sobre nuestras cabezas. Una magia física que nos deslumbraba y nos alejaba un poco de nuestra realidad de nautas varados en esta parada técnica sin fecha de salida. Al atardecer tomamos de vuelta el bus hacia la ciudad de *Florianópolis*. Se había acabado nuestro día de vacaciones. De vuelta a la realidad del barco en viaje.

Día 15: Esperando los repuestos

Desde arriba del 757 veo el puerto de Miami. Unos segundos más tarde el comandante vira a babor unos 90 grados para apuntar hacia el norte. Diviso el *Oleta River State Park* desde el aire y un poco más al sur, el barrio en el que vivo con Cynthia y los nenes.

Desde arriba la distancia es un poco más comprensible y en esta comprensión esta la semilla de la abstracción del mapa. Podemos ver una gran extensión desde lo alto pero no podemos verle la cara a los vendedores ambulantes o leer los carteles de la avenida. La altura es un resumen que contribuye un poco a nuestra incapacidad para comprender la extensión que nos rodea. El maratonista entiende mejor que el piloto de avión. El navegante mejor que el cartógrafo. La extensión inabarcable que comprende al planeta es parte de otra extensión aún   más vasta e incomprensible: el universo cósmico. Durante nuestra estadía en *Florianópolis* aún no lograba comprender la extensión del trayecto que nos restaba completar.

Se suponía que los repuestos hubiesen llegado ya desde *Joinville*. Pasado el mediodía decidimos llamar a *Gaucho* para saber en que momento del día nos vendría a visitar con su experiencia reparadora. Me gustaba pretender que era quien mejor ¨*falaba*¨ el *portuñol*, así que me dirigí hacia el teléfono publico, que se hallaba en la entrada al *Iate Clube*.

Me atendieron con un "*fale*" y solo atiné a pedir por *Gaucho*. No estaba. Pensé que tal vez ya estuviese en camino hacia nosotros, pero por las dudas, le pregunte por la ubicación de su jefe a mi interlocutor. Entendí que volvería más tarde al taller por lo que intuí que no vendría a vernos. Lo llamaría más tarde. Estaba ya más entrenado en el ritmo del Brasil.

Me acorde de una anécdota del *Negro* Lastiri, quien había comprado un terreno en Brasil para construir una casa de veraneo. Cada tres meses iba a ver los progresos en la construcción y siempre notaba que los cambios eran mínimos o inexistentes. La lluvia, la falta de materiales, una huelga. La respuesta de los constructores era siempre la misma: ¨*Infelizmente, não deu*¨. La casa nunca se terminó y supongo que Lastiri habrá vendido el terreno, cansado de la parsimonia que rige a este país.

Realmente no es una critica, sino mas bien una apreciación que tiene mucho de halago y de admiración. Los brasileños no se hacen problema. Ninguno. Llame nuevamente por la tarde y esta vez me atendió *Gaucho*. No iba a venir porque los repuestos ¨no habían llegado¨. No podía saber si esta era la verdad. Estábamos en sus manos, así que era mejor ser pacientes una vez más.

Día 16: Renacimiento

Hoy Tobías cumple dos años. A esta hora Cynthia estaba pujando para tratar de hacer nacer a nuestro primer hijo. Los meses previos, las horas de preparación y la espera infinita se resumían en ese pujar desesperado que intentaba traer una nueva vida al mundo.

Cada día nacen cientos de miles de bebes pero hace justo dos años nacía el más importante de nuestras vidas. Hace una década no intuía que ocho años más tarde me encontraría en un hospital sintiéndome más inútil y emocionado que nunca. Hace una década esperábamos al mecánico para poder seguir. Esperábamos un renacimiento que me llevaría al día de hoy, para celebrar el segundo cumpleaños de mi primer hijo.

Gaucho llego temprano, trayendo consigo los benditos inyectores para trabajar en el motor del **Tremebunda**. El horario me hizo dudar aún más de la excusa del día anterior, pero otra vez parecía más sensato adaptarse al ritmo que luchar contra el. Se demoro más de dos horas en instalar los dos nuevos inyectores y la espera incrementaba nuestra ansiedad por escuchar nuevamente el inconfundible batido de los pistones del Volvo. Era el sonido que nos aseguraría la continuidad del viaje. De otro modo tocaría navegar mar afuera, hacia el África, para poder llegar a vientos más francos que los que hallábamos en la costa. Pero ese no era nuestro plan: para llegar tan lejos íbamos a necesitar del motor y *Gaucho* lo sabía.

Le dimos arranque tras la parca instrucción de Gaucho. El Volvo volvió a sonar como debía. El mar nos esperaba, pero ya era tarde para salir. Despedimos a *Gaucho* esperando que su labor fuera tan duradera como la experiencia con la que parecía encarar el trabajo. Nos dirigimos al mercado más cercano para hacer las últimas compras necesarias para partir al día siguiente. El **Tremebunda** retomaba su ruta hacia arriba por el mapa irreal de la computadora que nos guiaría hasta Miami.

Día 17: La voluntad del mar

El motor ya estaba funcionando, pero aún nos quedaban resolver algunas cuestiones para poder salir. No teníamos suficiente moneda local y era mejor comprar más provisiones mientras aguardábamos un viento mas favorable para poder partir.

Era un día con un fuerte viento del noreste. La verdad es que no tenía sentido salir a pelearse con el mar. Fui hacia el centro una vez más, en búsqueda de los "arbolitos" que cambiaran dólares marrones. Negocié con un par de ellos, hasta que uno me dio un cambio que se aproximaba al oficial. Tuve que dejarle ganar un poco para poder proseguir con el viaje. Luego me dirigí a la central telefónica, desde la cual me comunique con mi padre. La noticia de que aún estábamos en *Florianópolis* no le agrado demasiado, pero la realidad se ve distinta desde una oficina que desde una embarcación. El mar es el que manda, y si quiere que no salgas, pues no vas a salir. Aproveche mi visita a la central para enviar correos electrónicos a través de mi Hotmail.

Hoy mi vida esta más cerca de los correos electrónicos que de los pronósticos meteorológicos, pero algo de esa esencia de navegante permanece en mi. Por las tardes mientras manejo hacia mi casa, donde me esperan los chicos, casi siempre voy observando las nubes, que en varias ocasiones me han recordado al viaje del 2003. Hay algo de universal y eterno en las nubes. Desde siempre venimos observándolas porque en ellas esta el destino de nuestros viajes, nuestras cosechas y nuestro sustento.

Esa noche hicimos una comida de arroz con mariscos. El trío

que quedaba a bordo ya tenía la pretensión de ser un equipo sólido que tenía la convicción de poder superarlo todo. Los tres sabíamos que íbamos a llegar a destino como fuera. Ante cada problema Daniel solía repetir su frase favorita: "No pasa nada". Es importante recordar que casi todo es solucionable y que la mayoría de los problemas que nos hacemos tienen una salida. No pasa nada. Seguiríamos adelante al día siguiente, si el mar estaba de acuerdo.

Día 18: Caixa D'Aço

El viento era muy suave y venía del norte. Decidimos partir igual y parar en Porto Belo (unas 30 millas hacia el Norte de la Isla de Santa Catarina) para esperar un frente del sur que debía llegar pronto. Era hora de dejar atrás a *Florianópolis*.

Nuestra partida demorada sembraba dudas en las mentes de nuestras familias. Eduardo, Daniel y yo teníamos la convicción plena de que teníamos que seguir dando pelea. Después de todo, recién estábamos comenzando esta travesía. Sentía como si el barco tuviera un alma propia, que nos contagiaba su entusiasmo, enalteciendo el espíritu de su tripulación. En cierto modo es como si hubiésemos actuado como un médium de una travesía que el **Tremebunda** tenía adeudada desde que mi padre decidió dejarla en Zárate en el '93.

La satisfacción de pasar por debajo de los dos puentes que unen la isla con el continente era desmedida, en cierto modo. Calculo que la forma más fácil de describirlo es simplemente decir que me hallaba feliz. Sabia que podríamos seguir con nuestro rumbo. Veía la ruta por delante sin saber lo que nos aguardaba pero con la convicción de que el deseo de la nave era en verdad el deseo propio.

En cierto modo este viaje era certeza e incertidumbre a la vez. Hoy me doy cuenta de que así es y será el resto de mi vida. Sabemos para donde vamos pero no sabemos como es ese futuro que tenemos delante, en que puerto acabaremos y que tormentas nos tocará atravesar.

El viento no nos ayudaba a avanzar, pero al menos había calmado en intensidad en relación al día anterior. Era un día diáfano y el sol pegaba con intensidad sobre la cubierta rugosa del barco. Sin embargo el calor no se notaba tanto debajo de la toldilla gris que colgaba de la botavara del mástil de popa. Íbamos dejando atrás la isla y a estribor pudimos ver las playas en las que tantos argentinos vacacionan cada año: *Jurere* y *Canasvieiras*.

Recuerdo haber pasado por ellas con mis padres en los ochenta, cuando vacacionamos un par de veranos por estas latitudes. Estas *praias* eran las favoritas de mi tío Miguel y de tantos otros argentinos que las elegían como destino de vacaciones cuando el cambio era favorable para los *argentos*.

A media tarde pudimos ver desde el océano las playas de *Bombas* y *Bombinhas*. Más gente vacacionando, que ya a esa hora buscaba refugio de la lluvia que se anunciaba con esas nubes negras que se aproximaban desde el horizonte cercano. Antes de llegar a la punta de *Bombinhas* comenzó a caer el anticipado aguacero. Era tan intenso que perdimos toda la visibilidad. Durante esta etapa desde la salida del *Iate Clube* habíamos venido utilizando el piloto automático *Autohelm* (no confundir con el timón de viento que construyo Eduardo con los planos que le proveyó Daniel). En medio de la lluvia, como era de esperar, se rompió uno de los engranajes del piloto y hubo que plantarse en la rueda de timón y mojarse para llevar al **Tremebunda** a mano hasta nuestro destino parcial en *Porto Belo*.

Estábamos muy cerca de la punta de *Bombinhas* pero no podíamos verla. El GPS nos decía que estábamos demasiado cerca pero aún no veíamos la costa y el ecosonda nos decía que había suficiente agua para pasar. Un minuto después pudimos escuchar la cercanía. El ruido amenazante de la rompiente era claramente distinguible y de inmediato enfilamos la proa hacia el norte. Estuvimos muy cerca de pegarle a las rocas que rodean la punta en forma de corona. El susto de esa rompiente tan cercana aún me dura. Tanto el **Tremebunda** como nosotros sabíamos que esta no hubiera sido forma de acabar este viaje tan planificado. Imaginar el barco roto contra las rocas de esa punta me da escalofríos aún hoy. Es muy fácil cometer errores cuando la visibilidad es tan limitada. Aprendimos la lección para el resto de la travesía. La **Treme** pasó el examen y nos llevo hasta la seguridad y el resguardo de una de las bahías más hermosas en las que haya fondeado. Llegamos hasta allí guiados por la narrativa de Daniel, quien nos había anticipado datos sobre la belleza natural y el resguardo pacifico de la *Caixa D' Aço*. Como siempre, las palabras no alcanzan para describir la estética de la escena natural. Anclamos en medio de la Caixa esperando que el viento rotara en nuestra terca remontada de la costa del Brasil.

El recuerdo de la paz de este fondeadero, me hace pensar en la perfección de la naturaleza que nos rodea y nos da sustento. Era un lugar para quedarse *ad infinitum*, pero el barco y yo nos habíamos puesto un rumbo a seguir: hacia el norte.

Día 19: Itapema

El clima húmedo de la tarde anterior se mantuvo. Era un amanecer nublado y sin viento en esta bahía con forma de cabeza de ajo. El agua verde de la bahía parecía un espejo, un detalle de belleza adicional para este paraíso del sur de Brasil. Decidimos esperar allí un día más, ya que al día siguiente se pronosticaba la llegada de un frente del sur que nos ayudaría a acumular millas hacia el norte. No tenía sentido salir a pelearnos contra la corriente y abusar del motor una vez más. Como siempre, la paciencia de saber esperar las condiciones adecuadas para partir son uno de los elementos principales de la ecuación para llegar del modo más seguro al destino elegido.

Por la tarde decidimos dar un paseo en barco a través de la bahía de *Itapema*. Cruzamos en línea recta desde *Porto Belo* hasta llegar a la villa que los pescadores usan como base de su sustento desde hace muchas décadas. El día seguía nublado y sin viento. Pegué un salto para bajarme en un muelle desde el que partía un "barco pirata" que pasea turistas. El **Tremebunda** con Eduardo al timón se volvería para *Caixa D'Aço*. Era extraño ver el barco con el que crecí alejarse a través de la bahía.

Entonces comencé un recorrido por la memoria de mi

infancia. Allí en *Itapema* habíamos vacacionado con mi familia durante dos temporadas seguidas a fines de los '80. La memoria espacial es más precisa de lo que uno percibe. Los edificios no me eran familiares, pero de algún modo me sentía capaz de caminar hasta ubicar la casa de los *Medeiros-Cervi*. Esta familia brasileña había hecho amistad con mis padres en Barcelona una década antes y nos abrió las puertas de su casa de veraneo durante nuestras visitas de verano.

Tenía la esperanza de poder encontrarlos. Después de todo estábamos en época de vacaciones en Brasil. Caminando por la playa llegue hasta la desembocadura de un arroyo que me resultaba conocido. Para cruzarlo había un puente y es allí en ese puente peatonal donde la memoria geográfica volvió a mi: la casa se encontraba a orillas de este arroyo, como a dos cuadras de la playa. Caminé por la *rúa* paralela al arroyo sin poder reconocer nada. De pronto vi la casa que estaba buscando. Estaba un poco distinta, como si la hubieran remodelado, pero allí era donde por primera vez me había enamorado, donde concebí tal vez el sueño de volver un día en barco. Los dueños de casa no estaban, y según pude entenderle a un vecino, se habían ido ese mismo día a la mañana hacia Curitiba, donde residían el resto del año. Igual me alegró mucho el haber encontrado la casa de los *Medeiros-Cervi*. Les deje una nota que supuse los tomaría de sorpresa algunas semanas más tarde y me fui de vuelta caminando hacia la misma playa en la que habría corrido, nadado y comido tantos *milhos* cocidos hacia ya quince años.

Era de noche ya cuando me subí al autobús que me llevaría

hacia *Bombinhas.* Mis piernas estaban cansadas tras la larga caminata por la arena. Esos pasos sobre la arena húmeda me habían llevado a la reflexión sobre el paso del tiempo y la incógnita sobre ese futuro incierto que me aguardaba en Miami.

Llegue a la Caixa D'Aço utilizando el mismo instinto de ubicación que me había servido para ubicar la casa de los *Medeiros-Cervi* unas horas antes. El autobús me había dejado en un camino de tierra a varios quilómetros de donde se hallaba fondeada la **Treme,** por lo que mis cansadas piernas tuvieron que hacer un esfuerzo adicional. El método del grito tardó unos minutos en surtir efecto pero logró su cometido tras varios intentos. Eduardo se acerco remando suave con esa sonrisa de lado que denotaba una felicidad similar a la que yo mismo traía desde *Itapema.*

Estábamos cumpliendo el sueño. Teníamos motivos para sentir esa felicidad demorada, que como toda felicidad es inconstante. La noche estaba de nuestro lado y el sabor de su compañía era tan dulce como el Suco de Cana que había probado por primera vez en *Itapema* de chico.

Santa Catarina - Angra Dos Reis

Día 20: Frente del sur

Daniel nos despertó temprano en la mañana. El frente del sur que estábamos esperando estaba ya sobre nosotros. Había que dar salida de inmediato. Sin mucha ceremonia izamos las mayores y nos despedimos de esta sucursal del paraíso en Porto Belo. Afuera soplaba el viento fuerte que llegaba desde nuestras Pampas.

El **Tremebunda** rolaba al compás del oleaje mientras el timón de viento contrarrestaba impecablemente el efecto de la marejada sobre el casco. Este fue el único día que el mar pudo con mi estomago, pero el malestar no duró mucho. Me recosté con el sonido del agua que pegaba contra las bandas arrullándome. Por fin podíamos sentir el avance de la embarcación. Las millas que nos faltaban para llegar hasta *Angra dos Reis* iban descontándose de un modo sorprendentemente veloz.

Me levante de la siesta sintiéndome bien. A pesar de la lluvia intermitente y las nubes grises que cubrían el cielo, los tres nos hallábamos de excelente humor. Este avance veloz era la confirmación de que habíamos tomado la decisión correcta al esperar este frente del sur bendito. Pero la alegría plena y el buen humor no duraron mucho, como era de esperar. Ambas se acabaron con la rotura de una pieza del timón de viento que se desoldó debajo del enjaretado de popa, donde deberíamos volver a sentarnos para seguir timoneando el barco a pulso en medio de esa marejada de popa que complicaba la tarea del timonel de turno.

La exigencia del mal tiempo que sentíamos en nuestros brazos nos recordó que los materiales también se agotan. Enseguida pudimos notar cuanto mejor que nosotros llevaba el rumbo el timón de viento. Esto me hace pensar en un futuro en el que todas nuestras tareas sean automatizadas y llevadas a la práctica por maquinas robotizadas. De todos modos siento que siempre va a ser útil saber hacer la cuenta a mano, trazar el rumbo sobre una carta de papel y timonear a mano solo mirando las estrellas o un compás. El entender como funciona un sistema será siempre el salvavidas que un día nos resultara necesario, tal como nos fue necesario timonear el **Tremebunda** a mano hasta Angra.

Día 21: Ilhabela

En medio de la madrugada el viento que tanto nos había ayudado para salir de Santa Catarina se agotó. Volvimos a encender el Volvo y con el amanecer divisamos *Ilhabela,* a lo lejos. Daniel, nuestro asesor de puertos, sugirió hacer una parada fugaz para reaprovisionarnos de combustible. Ni a Eduardo ni a mi nos pareció mala idea. Estábamos agotados de timonear por turnos desde la rotura del timón de viento. No estaría de más tener un poco de combustible extra y descansar un par de horas amarrados a algún muelle.

Al entrar por el canal de *Ilhabela* nos encontramos con una neblina leve que daba a la costa un toque fantasmagórico que se evaporaría recién con la llegada de los primeros rayos de sol, cuando ya se comenzaba a ver el puerto comercial de cargueros.

Antes del mediodía llegamos a la ciudad de *Ilhabela*, donde nos encontramos con dos hermanos argentinos que conocían a Daniel. Nos amarramos a su velero que estaba en una amarra de cortesía de el *Yatch Club Ilhabela*. Ellos estaban también navegando el Brasil en su propia versión de nuestra aventura náutica. La parada no duró mucho ya que queríamos llegar a Angra lo antes posible. Tras cargar combustible nos despedimos de los hermanos y salimos hacia el norte a motor. El viento ya nos había abandonado por completo y la calma era total. No recuerdo cuanto tiempo paso, pero todavía veíamos *Ilhabela* a nuestras espaldas cuando el motor volvió a fallar. Al igual que antes de llegar a *Florianópolis*, comenzó a tartamudear, funcionando en un cilindro nada más. No era la voz usual de nuestro fiel Volvo. Estaba como titubeando entre el buen funcionamiento y el cilindro empujador que se negaba a dejar de funcionar. Saltaba de uno a dos y a veces a los tres cilindros en marcha. No podíamos creer que la misma falla nos volvía a visitar. Nos acordamos de *Gaucho*, de los dólares manchados que le habíamos dado y de toda su familia, a la cual nunca llegamos a conocer personalmente.

Se hizo de noche y nuestra velocidad era apenas la mitad de lo que podríamos haber estado avanzando si el Volvo hubiera estado funcionando a pleno. El avance era tedioso así que decidimos atar la rueda del timón con un par de cabos y cada cinco minutos corregir el rumbo si hacía falta. Ya nadie quería timonear a mano y menos aún yendo a este paso de tortuga. Seguimos con paciencia hasta que en medio de la madrugada, divisamos la claridad de las luces de la ciudad de *Angra dos Reis*.

Día 22: Angra dos Reis

Con el amanecer comenzamos a ver los *morros* que dominan la costa de Angra. La bruma y la llovizna no nos permitían ver claramente la costa. El avance del barco seguía siendo lento y la hora de la llegada se estiraba minuto a minuto.

Ya pasadas las siete, la costa comenzó a mostrarse más claramente. Se veían en la distancia las casas precarias sobre los *morros* y debajo los veleros anclados frente a la marina del *Pirata's Mall* hacia la cual nos dirigíamos.

Ya cuando quedaban un par de millas el Volvo no dio más y se detuvo por completo. Los inyectores no trabajaban mas y no volverían a arrancar sin desarmarlos. La suerte estuvo de nuestro lado una vez más. Daniel diviso un velero muy particular que nos pasaba a solo 50 metros y no dudo en hacerle señas para que nos diera remolque. El VHF ayudo a que el mensaje fuera más claro: necesitábamos ayuda para llegar hasta la marina.

Se trataba del *Pericles*, un velero de metal con amplias curvas (tipo corcho) que era la vivienda y medio de vida para Sergio y Cris. A bordo del *Pericles*, daban clases de buceo para turistas y aficionados al buceo en una de las mejores zonas para *mergulhar* del Brasil. Daniel los conocía de un viaje previo por Angra. Sergio nos tiro un cabo que atamos a la cornamusa de proa del **Tremebunda**.

Llegamos a remolque con precavida lentitud hasta los muelles de cortesía en la que la mayoría de los austeros navegantes se hospedan durante el día sin cargo. De noche todos sueltan las amarras y se fondean a metros de la costa donde las aguas son calmas como un estanque y el ruido de la ciudad aún se puede percibir claramente. Yo estaba agotado por la noche de poco sueño y constante atención al timón, que se mantenía en un rumbo inestable en nuestro improvisado sistema de cuerdas y piolines.

Era hora de descansar un poco, así que en vez de salir a caminar por Angra me recosté en la litera de proa. Creo que descanse unas tres o cuatro horas y recuerdo que al levantarme Daniel y Eduardo ya habían estado a la búsqueda de un soldador para reparar el timón de viento. La noche previa nos había enseñado lo esencial que el timón de viento era para este viaje.

Habían encontrado un soldador que podía reparar la pieza al día siguiente. Al levantarme ya ambos estaban desarmando el timón de viento para poder llevar la pieza al soldador de la *Avenida Reis Magos*. Además aun nos tocaba encontrar la solución al tema del motor y su falla recurrente. Decidimos que primero intentaríamos ver porque había retornado la falla a los inyectores nuevos y luego ver si podíamos solucionarlo nosotros mismos o si deberíamos recurrir a un nuevo mecánico.

Aprendí que durante este tipo de viajes unos se hace experto en temas en los que uno nunca tuvo la dedicación o el interés de aprender, pero que al hacerse necesarios uno aprende por pura supervivencia. El resto del día nos pasamos ordenando el barco y desarmando el timón. Otra tanda de reparaciones nos aguardaba en la lluviosa tarde de Angra.

Día 23: Tanque sucio

Hoy Cynthia me paso a buscar por la puerta del *Anaheim Convention Center* tras varios días de charlas de negocio. Atrás Damián dormía y Tobías me recibía con una sonrisa sin precio. Por fin la lluvia había cesado tras tres días de incesante caer.

La vida de familia es una vida dulce y particularmente intrincada. Siempre lo mismo, pero siempre distinto. Los gestos de los chicos cambian día a día. En esto la vida se parece al viaje de hace una década. Uno se adapta a la circunstancia, planea la ruta y ajusta el rumbo sobre la marcha.

Durante nuestro segundo día en Angra, la misión era reparar. Por la mañana Daniel y yo le llevamos la pieza al soldador de la *Avenida Reis Magos*. Estaría lista para el día siguiente. A nuestro regreso Eduardo tenía la tapa del motor ya abierta y estaba comenzando a desarmar los inyectores. Esta pieza era la que llevaba el combustible a los pistones que estaban fallando y era lo que había determinado *Gaucho* en Florianópolis como el origen del problema.

Tras sacar los inyectores pudimos ver claramente una sustancia viscosa y oscura que obstruía el paso del diesel hacia su destino de combustión en el pistón. Ese engrudo negro no tenía porque estar allí. Algo estaba mal y no eran los inyectores. Mediante una mesurada dosis de pensamiento analítico, dedujimos que el problema debía hallarse en el combustible. Nos acordamos de la tremenda manguera negra de Río Grande, que había llenado el tanque de 80 litros en unos pocos segundos.

Imaginamos un diesel empetrolado y sucio bailando dentro del tanque principal.

La única solución era sacar el tanque de combustible para iniciar su limpieza. Hubo que desarmar los mamparos para que el tanque viera la luz del sol por vez primera desde 1986. Vaciamos lo que quedaba de diesel y pudimos ver, en el fondo semivacío del tanque, la misma sustancia que ensuciaba nuestros flamantes inyectores. El combustible que habíamos cargado era el que había empastado los inyectores. La única solución posible era limpiar el tanque a fondo y poner nuevo diesel filtrado.

La tarea nos llevo toda la tarde. El engrudo negro estaba pegado por todas las paredes del tanque. Recuerdo que lo lavamos con nafta de la que usan los automóviles y esto ayudo a diluir ese petróleo. Finalmente podríamos confiar en que los inyectores no volverían a empastarse. El trayecto nos fue enseñando a pensar cada movida como un ajedrecista. Cargar combustible, tomar agua, hacer una comida deberían ser en adelante calculadas para no experimentar las consecuencias no deseadas de las acciones. Hasta la próxima rotura estaríamos seguros.

Día 24: Timón soldado

En la mañana fuimos a buscar la pieza soldada para poder volver a poner el timón de viento en funcionamiento. En el camino pudimos ver la destrucción de los deslizamientos de lodo que afectan a la gente humilde que vive sobre los morros. Era triste darse cuenta de que mientras nosotros viajábamos, la mayor parte del planeta seguía sufriendo y viviendo en condiciones infrahumanas.

La pieza, increíblemente, estaba lista y pudimos llevárnosla de vuelta a la marina del *Pirata's Mall* para su instalación. El motor había vuelto a funcionar sin problemas, luego de la limpieza del tanque. Era cuestión de rearmar el piloto de viento para poder estar listos para una nueva partida.

Esa tarde la pasamos con Sergio, el amigo argentino que junto a Cris, su esposa brasileña, viajaba en su velero de acero desde hacia casi una década. Ellos eran quienes nos habían dado remolque para entrar sin problemas a la marina dos días antes y durante nuestra estadía nos contaron sobre sus aventuras.

Habían dado ya una vuelta al mundo, en la que se demoraron casi siete años. Aún recuerdo su consejo de que es mejor hacer la circunnavegación del globo sin necesidad de trabajar. Durante su viaje había hecho de todo para poder seguir adelante.

Durante este viaje nos fuimos encontrando con muchos navegantes que nos daban, sin esperar nada a cambio, su apoyo y sus consejos. En Angra, Sergio nos ofreció llevarnos a bucear al día siguiente a en la *Ilha Grande*. Enseguida aceptamos, pero a condición de que no tuviera otros turistas para llevar a pasear, dado que este era su negocio de clases de buceo que le servia de sustento. El resto del día se fue en preparaciones necesarias para la partida. Al día siguiente visitaríamos la *Ilha Grande* antes de dirigirnos hacia Río, la capital nacional de la joda.

Día 25: Abrao

Nos levantamos con la esperanza de bucear, pero el día no nos iba a ayudar. Llovía torrencialmente y las condiciones no nos permitirían el *mergulho*. Daniel ya tenía todo listo para irse hacia la terminal de ómnibus. Había decidido tomarse un autobús hasta Salvador donde su velero, el *Cenizo* lo esperaba con paciencia desde antes de las fiestas. Fue una despedida relativamente emotiva. Nos volveríamos a reencontrar más al norte donde el calor y la fiesta nunca paran. Nos despedimos también de Cris y Sergio del Pericles y partimos a motor hacia la Ilha Grande. Sergio nos había proporcionado muchas cartas que fotocopiamos a último momento para tener mejores referencias de cómo entrar a varios puertos que teníamos en nuestra derrota.

El viaje nos tomó unas dos horas y el camino hacia la Bahía de *Abrão* se nos hizo cautivante y único. La belleza natural de esta zona de Brasil nos dejaba, una y otra vez, sin palabras. El escenario era un verdadero paraíso que recibe miles de visitantes al día. La Ilha Grande cuenta con un barco de pasajeros, que la comunica con el resto del país, y por medio del cual llegan los turistas a visitar la ciudad de *Abrão*.

Allí los aguardan los artesanos y vendedores de *souvenirs* para incitarlos a llevarse un recuerdo de cómo es el paraíso en Brasil. A comienzos de la tarde anclamos en la bahía y aguardamos para ver si la intensa lluvia calmaba un poco. Almorzamos a bordo y esperamos a que la lluvia parara. Pero no iba a parar.

Hacia el fin de la tarde decidimos subirnos al bote para bajar a conocer *Abrão*. La lluvia solo había amainado un poco, pero no íbamos a irnos sin conocer el pueblo de artesanos del cual nos había hablado Daniel. Inmediatamente sentimos que la atmósfera se transformaba mientras caminábamos sobre el muelle al que llega el barco de pasajeros. La *Ilha Grande* tiene un aura única que inunda a los visitantes y que se percibe de inmediato.

Las callecitas llenas de artesanías. Los *rastas* y *hippies* congregados en la feria, implementando en una forma de vida que se aleja de la cotidiana urbanidad de la que veníamos. La llegada del barco iniciaba, a esa hora, los rituales de la transacción. Nuestra partida se vio demorada entre cervezas y pescado. No queríamos irnos pero ya se había hecho de noche y era hora de ordenar la partida. Una noche en la bahía del paraíso preparándonos para seguir nuestra odisea.

Angra Dos Reis - Río de Janeiro

Día 26: Río de Janeiro

La mañana nos recibió con calor y un cielo limpio. Las nubes habían abandonado la Bahía de Abrão y pudimos ver una última tanda de turistas llegar a la Ilha Grande antes de partir. El motor por suerte arranco sin problemas. Parecía que al fin el viaje nos sonreía. Levamos los cinco metros de cadena que nos conectaban con el fondo arenoso y dijimos adiós a la *beleza* de Angra. Solo eran unas 80 millas hasta Río de Janeiro y el día debería bastarnos para hacer la travesía.

El **Tremebunda** surcaba con calma en rumbo este frente a la curiosa barra que protegía a *Sepetiba* del Océano Atlántico. La costa se asemeja a una escollera de arena y provee a la costa, donde se encuentra la civilización, una protección privilegiada.

Hacia la media tarde comenzamos a ver las edificaciones en la costa de la *Barra da Tijuca*. Edificaciones privilegiadas para la gente de recursos. Así es Brasil y, en esto, se parece bastante al resto del mundo: unos pocos miran al mar mientras el resto se revuelcan en el barro.

El día soleado me hizo sentir mejor, imaginando a la pobre gente de Angra que había sufrido los desmoronamientos en los días anteriores. Imaginaba que un día de sol era como un premio divino para quien no tiene techo. Esta etapa hacia Rio, nos dio el día de excursión que tanto nos merecíamos. Desde el *cockpit* y a la sombra de nuestra toldilla gris pudimos ver las multitudes que se asoleaban en las afamadas playas de *Leblon* e *Ipanema*. Pasamos el *Arpoador* y fue entonces que pudimos ver aún más gente, en la mundialmente famosa, Praia de Copacabana.

Era mi primera vez en Río y desde el océano ya me parecía una urbe única e impactante. Pero lo mejor estaba por venir. El imponente *Pão de Açúcar* frente a nuestra proa nos hacia notar que ya podíamos considerarnos en Río de Janeiro, pero aún nos quedaban bastantes millas hasta llegar a la *Marina da Gloria*. Uno de los momentos que más recuerdo de mi viaje, fue pasar al atardecer en esa imponente entrada entre los dos gigantes: el *Pão de Açúcar* y el *Morro do Pico*. En medio de los dos *morros*, la curiosa y relativamente diminuta *Ilha da Laje* en la que se asienta un fuerte antiguo y un faro sólido con una gran base de concreto.

Ya quedaba poca luz y nos encaminábamos hacia la Marina que se encuentra pegada al aeropuerto de *Santos Dumont*. Surcábamos la *Bahía de Guanabara*, de la cual tantas veces había oído en la canción *"O Estrangeiro"* de *Caetano*. Llegamos ya de noche a la *Marina da Gloria*. Un curioso puerto deportivo con forma de caracol. Estábamos al fin en el centro de la fiesta del Brasil. Era hora de disfrutar de una *caipirinha* o dos.

Día 27: El Tocorimé

Amanecimos rodeados del espíritu carioca. La *Marina da Gloria* esta ubicada en medio de la ciudad y lo primero que hice fue bajarme a telefonear a un amigo de toda la vida que vive en Río desde los '90. Martin me atendió en el primer ring y me prometió venir por la tarde a visitarnos y a darnos una mano en la búsqueda de algunos repuestos para reparar el piloto automático que se había roto bajo la lluvia en *Bombinhas*.

Mientras volvía al **Tremebunda** pude divisar una barco con aires de siglo XIX al final del malecón con forma de caracol. No pude resistir la tentación de ir a verlo. El *"Tocorimé"* es un *Tall Ship* fabricado en el Amazonas que es utilizado para paseos, fiestas y reuniones corporativas de la elite carioca y los turistas adinerados. Ni bien me acerque uno de los tripulantes bajo a saludarme. Le conté sobre nuestro viaje y enseguida me invitó a bordo. El amigo del Tocorimé quedaría en nuestra memoria por largo tiempo por su entusiasmo e incansable derroche de energía.

De regreso en el **Tremebunda** le conté a Eduardo sobre mi nueva amistad con la tripulación del Tocorimé. Lo llevaría de visita sin dudas. En nuestra segunda visita, tras el almuerzo, nos dieron un tour completo por la nave que había sido construida bajo los antiguos métodos europeos de construcción y que aún hoy opera tal como lo hacían las naves de hace más de un siglo atrás. No había molinetes ni sistemas eléctricos para mover las velas. Todo se hacía a mano, con una tripulación numerosa y siempre dispuesta a trabajar para mover la nave. El único agregado tecnológico que se podía ver el la cabina de mando era un GPS y un ecosonda de última generación. Además, claro esta, contaba con motores diesel para poder entrar y salir de la *Bahía de Guanabara* sin problemas. A media tarde mi viejo amigo, Martin Torchiana, llego a golpearnos el casco. Hacía unos cuatro años que no lo veía. Desde que se había ido a Brasil yo sabía alguna novedades de su vida en portugués a través de su hermano Esteban (otro gran amigo del alma) pero solo lo veía en contadas ocasiones cuando visitaba a su familia en Zárate.

Fue un emocionante reencuentro en medio de una travesía que tenía que ver con la infancia y la navegación. Martin nos llevo a una casas de repuestos de electrodomésticos cercanas a la *Lapa*, donde pudimos conseguir un engranaje similar al que se nos había roto dentro del piloto automático *Autohelm*. La magia reparadora de Eduardo (alias *McGyver*) pudo transformar un repuesto de lavarropa en una pieza que en Europa te la cobran 50 Euros. Estas eran parte de las bondades de tener un socio con tantos recursos y tanta experiencia a bordo.

La unión entre Eduardo y yo crecía, ahora que veíamos que podíamos superar cualquier prueba que se nos presentara. De vuelta en el **Tremebunda** Martin nos sugirió ir por la noche a tomar algo al afamado barrio de bares conocido como *"La Lapa"*. Esta zona de bares y música callejera estaba en auge desde hacia casi una década, según nos contó Martin, y además quedaba a escasas 10 cuadras de la Marina. Cruzamos la plaza Paris, y luego varias anchas avenidas, que me recordaban en cierto modo, a la *Avenida Figueroa Alcorta* de *Buenos Aires*.

Ya del lado de la ciudad, el retumbar de los *pandeiros* comenzaba a hacerse notar. Era un mundo distinto al que estábamos entrando. Enseguida se podía percibir el ambiente de constante fiesta de la *Lapa*. Bar al lado de bar, puestos de *caipirinha* ambulante y música por doquier. Un ambiente difícil de olvidar, que de algún modo, resume el espíritu carioca. Tomamos *caipirinha*, escuchamos samba y reímos. Nos hacía falta soltarnos un poco para poder volver a la inmensidad del océano que nos aislaría por el resto de la travesía de esta fiestera civilización.

Día 28: Copacabana

Aprovechamos la mañana para volver al Tocorimé en busca de asistencia técnica. Durante nuestra visita del día anterior Eduardo había notado la cantidad de herramientas y maquinas con las que contaban en la sala de maquinas de a bordo. Era nuestra oportunidad de poder reforzar el timón de viento con algunos puntos de soldadura adicional que le darían la fuerza para tolerar el abuso de las millas que teníamos por delante.

Nuestro amigo nos recibió, como era su estilo, de modo efusivo y una vez más se ofreció para ayudarnos en la labor de soldadura. No recuerdo exactamente que pieza fue la que reforzamos pero nos sentimos bien productivos y más seguros al hacerlo. Creo que también usamos un torno manual que tenían a bordo para ajustar la pieza de lavarropa y hacerla calzar en el piloto automático.

Antes del mediodía podíamos considerarnos realizados: el **Tremebunda** estaba listo para partir. Me gustaría poder recordar el nombre de este personaje barbado que tanto nos ayudo durante nuestra estadía en la Marina da Gloria, pero la memoria visual no se borra de mi mente. Recuerdo su cara y su entusiasmo como si lo tuviera aquí enfrente de mi pantalla. Tampoco recuerdo que almorzamos pero si que por la tarde decidimos ir de paseo.

Era mi primera vez en Río y no era cuestión de desaprovecharlo. Cruzamos una vez más la plaza Paris para tomar el autobús que nos llevaría hasta *Copacabana*. Era la visita de turismo obligada. Lo que más recuerdo del trayecto es la alta velocidad a la que transitan los autobuses en Rio. Más de una vez nos miramos con Eduardo como dudando si este sería el fin de nuestro viaje, pero obviamente sobrevivimos la instancia del viaje en autobús para llegar hasta la playa mencionada en tantas *bossanovas*.

El ambiente en *Copacabana* era plenamente turístico, con cientos de artesanos intentando subsistir a base de sus productos hechos a mano. Las veredas clásicas en blanco y negro le dan un toque especial a muchas aceras a lo largo del país. Alguien nos dijo que era un símbolo de la integración de la razas en Brasil. No se que tan cierto sea, pero sin duda se respira un clima de integración que no he visto en otras partes del planeta. El odio racial y la falta de integración que se respira en casi todos los Estados Unidos y muchas otras partes parece ausente en Brasil. Por supuesto que hay gente que discrimina y las oportunidades no son iguales para todo el mundo pero hay algo de la actitud general de la gente que hace pensar que en este país se hacen menos diferencias.

Recorrimos la playa y las calles aledañas. Me quede pensando en como cada lugar tiene algo de especial, aún que no sea famoso a través de canciones. Nos volvimos en otro autobús de "alta velocidad" cuando ya había anochecido. Una tarde de paseo por las veredas de la integración. Una *praia* famosa y un lugar menos para conocer en el globo.

Día 29: Niteroi

Habíamos pasado un par de días increíbles en Río. Las grandes ciudades tienen algo de atractivo que las hace irresistibles. También tienen su lado oscuro: la delincuencia, la marginalidad y la suciedad que las convierte en urbe.

Río de Janeiro lo compila todo de un modo original. El marco que la rodea, las playas anchas, la integración de las masas. Es un escenario único que no se parece a nada más. Luego de una charla final con la tripulación del Tocorimé, nos animamos a cambiar de amarra. Justo al este de Río, al otro lado de la *Bahía de Guanabara* se encuentra Niteroi. Una ciudad pegada a la gran urbe que tiene un sabor especial, como un barrio dentro de una gran ciudad. Los amigos del Tocorimé nos aconsejaron acercarnos al *Jurujuba Iate Clube* por su reconocida hospitalidad. Ni Eduardo ni yo lo dudamos: era la oportunidad de conocer la vereda de enfrente.

Cruzamos la bahía de oeste a este . A nuestras espaldas el Corcovado nos miraba. Su Cristo Redentor nos abría los brazos como invitándonos a regresar el día que quisiéramos, pero nosotros estábamos decididos a no volver. Desde Niteroi seguiríamos viaje hacia el norte.

La vista desde el medio de *Guanabara* es imponente. La abertura entre los morros por la que volveríamos a ingresar al Atlántico le da a esta Bahía un toque mágico y épico a la vez. Como si aquí se pudiera compilar la historia universal. Era un marco geográfico de esos que uno pocas veces puede apreciar. El cruce solo nos tomo poco más de una hora y siguiendo las indicaciones de la gente del Tocorimé encontramos la entrada al Jurujuba sin problemas.

El club se parecía en algo al club en el que había crecido, el mismo en el que había conocido a Eduardo una década y media antes. Existe una camaradería indescriptible en este tipo de clubes sociales en los que los socios se integran de un modo que los une como si fueran miembros de una tribu especial. Tal vez es la necesidad de pertenecer la que nos empuja a formar parte de clubes, de grupos, de consorcios y bandas. Esta unión nos hace parte de algo que es más grande que el individuo. El colectivo cobra vida a través de la unión de las individualidades, pero es a través de estas individualidades a partir de la cuales el club cobra su esencia.

Desde que arribamos nos sentimos como en casa, como si el Club Barrancas tuviera una sucursal en Niteroi a la que habíamos arribado por casualidad. Enseguida nos invitaron a poner nuestro barco en una amarra de cortesía. Dijimos que solo nos quedaríamos un día, pero nos aclararon que si necesitábamos más no habría problemas. A todos los brasileños les seguía causando mucha gracia el nombre de nuestra embarcación. Desde nuestra llegada a Florianópolis, en cada puerto encontrábamos las mismas sonrisas cómplices. Casi todos repetían el nombre diciendo: "**Tremebunda**... ja... *Bunda Mole*...je je..". Mi padre le había puesto este nombre a la embarcación en honor al apodo que mi abuela materna le había asignado a mi madre cuando era chica. Aparentemente mi madre se metía en problemas y accidentes con harta facilidad y mi abuela inspirada en un personaje de una tira cómica de los diarios argentinos de los '60 la apodo **Tremebunda**.

Lo que mi padre no sabia es que la palabra *"Bunda"* significa trasero en portugués (o más específicamente culo) y *"***Treme***"* significa que tiembla. Esto lo asocian con la expresión *"Bunda Mole"* que literalmente significa Culo Blando. Convengamos que es un nombre bastante gracioso visto desde el portugués. El resto de la tarde lo pasamos en el club y sintiendonos tan a gusto que ni siquiera salimos a recorrer las calles cercanas. El Jurujuba nos había recibido con los brazos abiertos y nosotros estábamos disfrutando del abrazo.

Día 30: Llueve en Jurujuba

La lluvia volvió a acompañarnos en la mañana. El agua lavaba la cubierta mientras el barco descansaba en la amarra de cortesía de este club tan simpático de Niteroi. Era lunes y el Jurujuba tenía una paz típica de los lunes en un club social. Ya no se encontraba el bullicio alegre del día anterior. Los *meninos* y *meninas* estaban en sus casas tomando el desayuno y la mayoría de los socios estarían ya rumbo al trabajo.

Es en esta paz de lunes cuando uno tiene la oportunidad de encontrarse con los personajes más interesantes que representan a la institución. No se bien de que modo nos presentaron a uno de los viejos socios del club que se acerco cordialmente a brindarnos su saludo. Lo invitamos a subir y allí comenzó nuestra extensa charla. Hay que gente que es innatamente interesante y este personaje de barba canosa era una de estas personas. Parecía contar con todo el tiempo del mundo y nosotros con el lluvioso clima no queríamos abandonar este rincón tan acogedor al que nos había traído Brasil. La mañana se paso entre charlas y llegadas las 12 el socio, muy atento, nos invito a almorzar a un restaurante cercano al club. Fuimos caminando por la calle que comunicaba al Club con Niteroi. Arriba del morro las casas humildes nos veían caminar contentos entre la fina llovizna.

Nuestro amigo del Jurujuba (nuevamente no recuerdo los nombres pero si las caras y las expresiones) nos llevo hasta un lugar donde se comía bien pero sin gastar mucho. Estos son los lugares que sin dudas más nos gustan a los navegantes. La expresión dice que detrás de todo navegante hay un gran miserable y la realidad no esta muy alejada de la expresión que, como tal, tiene algo de exageración y algo de generalidad. Almorzamos *peixe* frito y la verdad es que el sabor era exquisito (aunque no use esa palabra por su negativa connotación en portugués). Se notaba la frescura de la pesca del día.

Seguimos charlando durante un par de horas mientras ordenábamos *cerveja* tras *cerveja*. Un día feliz, a pesar de la lluvia. A esta altura ya estábamos convencidos de que la partida hacia Cabo Frío la deberíamos demorar hasta el día siguiente. Nuestro anfitrión no nos dejo pagar, a pesar de nuestra insistencia. Nos despedimos de nuestro nuevo amigo en la puerta del Jurujuba. En estos viajes uno se da cuenta de que estamos rodeados de almas interesantes y bondadosas. Uno solo debe abrirse para poder encontrarlas en cualquier parte. Al día siguiente saldríamos, sea como sea. Había que continuar nuestro camino.

Rio de Janeiro - Cabo Frío

Día 31: Paso por Boqueirão

Como era de esperar, el día nos recibió con un cielo límpido y celeste. Salimos del Jurujuba Iate Clube antes de las ocho. Había que aprovechar todas las horas de luz posibles para llegar antes de que oscureciera hasta *Cabo Frío,* que se encuentra a ochenta millas del Corcovado. La salida entre los gigantes morros me hizo quedar mudo por segunda vez. El *Pão de Açúcar* se despedía de nosotros sabiendo que no íbamos a volver. Nosotros también lo sabíamos. La brisa era demasiado suave como para empujarnos a vela así que el motor volvió a cumplir su preponderante papel.

A media mañana ya habíamos dejado atrás la urbe y casi no se veían vestigios de la vida carioca. Decidí buscar mi vieja guitarra acústica, que venía viajando debajo de la cucheta de popa junto al resto de los instrumentos y equipos de grabación. Allí no solo iban mis instrumentos sino también mis sueños de triunfar como cantautor en Miami. Los instrumentos representan el sueño y las canciones la potencial realización del mismo. Uno escribe por necesidad, no por deseo.

Así que allí frente a las *praias* de *Maricá* me senté a escribir sobre la cubierta. Recuerdo que vino a mi, como esas creaciones que uno parece recibir desde arriba, como dictadas por un ente al cual no conocemos pero al que tenemos acceso por instantes.

- *I wonder, so slowly... across all my stories...*

Empezaba la letra. La Yamaha Eterna, plagada de cicatrices

había sido afinada en *sol abierto* y los acordes que llegaban a mi eran básicos, pero de buena sonoridad a causa de la afinación especial que mi musa había elegido.

- That always recall, what we had...

La creación es un misterio que atrapa a todos aquellos que se animan a ahondar en sus propios demonios internos. De allí salen las letras más intrincadas, personales y reveladoras. A veces uno solo se da cuenta del significado de una canción años más tarde cuando la letra cobra una nueva vida que permanecía latente y dormida desde su creación.

- And every time I think of you gives me pain...

Era una letra de amor, para nadie. No estaba inspirada en ninguna persona en particular. Tal vez era una letra para el futuro que me aguardaba, para la mujer que iba a conocer y no para una del pasado.

Eduardo leía en el *cockpit* mientras el piloto automático pasaba su test inicial en su primera etapa desde la incorporación del repuesto de lavarropa. La canción ya estaba lista. Se llamaría *"Feel the same"* y recién sería editada en mi disco *Together* del 2012.

Las creaciones son como la vida misma: uno nunca sabe cuando cobraran vida o en que modo lo harán. Se pasó la tarde entre la creación y el ocio. Nos aproximábamos a un paso estrecho entre las piedras que aún hoy recuerdo con gran emoción. Estábamos por cruzar a través del afamado *Boqueirão* en *Arraial do Cabo* El paso entre las piedras gigantes nos ahorraría muchas millas en nuestro camino hacia Cabo Frío y además nos resguardaría de la marejada del mar abierto durante algunas millas.

Al acercarnos al *Boqueirão* pudimos ver como el color del agua comenzaba a cambiar. Se tornaba de un azul profundo a un turquesa transparente que nos daba la sensación de estar flotando en el aire. Otra vez el imponente paso entre grandes formaciones rocosas, pero esta vez solo separadas por unos 70 metros. Esta entrada ponía los pelos de punta por su belleza natural y la cercanía de las rocas. Una vez dentro del *Boqueirão* podíamos ver el fondo de arena blanca. La profundidad allí sería de menos de diez metros pero parecía que uno podía meter la mano y tocar el fondo sin problemas.

Las paredes de piedra rodeaban esta olla de arena y agua turquesa dándole un toque prehistórico y salvaje. Avanzamos en menos de media hora a través de este refugiado sector hasta comenzar a ver las playas de *Arraial do Cabo* a babor. Parecía una ciudad apacible a lo lejos, pero teníamos planeado llegar hasta el puerto con mayor abrigo en esta zona: Cabo Frío.

El viento comenzó a hacerse sentir tras salir del refugio de los peñascos de piedra. Sentíamos el viento norte intensificarse justo en nuestra nariz. Solo nos quedaba la opción de seguir a motor hasta el puerto que nos esperaba sin saberlo. Ya el sol caía sobre la costa cuando vimos la playa, aún con turistas, de la ciudad de Cabo Frío. Enfilamos hacia el antiguo faro, que ya se había encendido. Habíamos leído en algún derrotero que llevábamos a bordo que la entrada no era nada fácil, pero dada la intensidad del viento no nos quedaba otra que entrar a puerto. Hubiera sido peligros fondearse con tanto viento frente al faro.

Cuando estábamos a solo 100 metros del faro comenzamos a ver la entrada entre las rocas puntiagudas. Era una pasaje que imponía respeto. Casi no quedaba luz pero teníamos que entrar si o si. El canal de entrada no tenía más de 25 metros de ancho y las piedras se veían peligrosamente cerca. Yo estaba en la proa dándole indicaciones a Eduardo que timoneaba el **Tremebunda** con precaución a la mínima velocidad que nos permitía mantener el control de la embarcación para no irnos sobre esas rocas filosas. El paso duro menos de un minuto pero nos llego a crispar los nervios a los dos. Las ráfagas de viento ya llegaban a casi 30 nudos y sabíamos que el amarre no sería sencillo. A solo doscientos metros vimos un par de cruceros fondeados con la popa atada a una empalizada de cemento armado. Era la amarra de la sucursal del *Iate Clube de Rio de Janeiro* en Cabo Frío.

Intentaríamos la hazaña. Pusimos la proa a unos cuarenta metros de la pared y allí tire el ancla a fondo. La distancia hasta el fango no era mucha y debía ir soltando el cabo de fondeo de a poco ya que el viento nos empujaba contra la pared. Poco a poco el cabo estiraba y lo íbamos soltando con cautela, sin apagar la maquina. Fue un amarre impecable, probablemente el más complejo que nos tocaría en la travesía, pero lo habíamos logrado. El **Tremebunda** ya podía contar a Cabo Frío entre los puertos a anotar en su bitácora.

Día 32: Cabo Frío

Nos levantamos sabiendo que nos tocaría un día de descanso en Cabo Frío. El viento del norte seguía aullando fuerte y nos confirmaba que la decisión de haber entrado casi a oscuras el día anterior, había sido la acertada. No es seguro fondear en aguas abiertas y sobre todo cuando el viento supera los 20 nudos de intensidad. Eduardo y yo nos bajamos para ver que era lo que había en Cabo Frío. Ninguno de los dos teníamos demasiadas expectativas y la verdad es que fue agradable la sorpresa.

Nos encontramos con una ciudad de veraneo simple. La playa la teníamos a menos de doscientos metros del barco y comenzaba justo debajo del faro que nos había guiado hasta la entrada el día anterior. El faro estaba montado sobre un antiguo fuerte de escala reducida al que decidimos entrar como iniciando un tour no planeado, que casi siempre resulta mejor que los planeados a mi gusto. Desde el agua se había visto como una fortificación menor, pero al verlo desde tierra, entendimos que este era otro más de los fuertes que seguiríamos encontrando como resabio del Portugal colonialista.

Para ingresar al *Forte São Mateus* había que cruzar un mínimo puente dado que el fuerte se encontraba sobre un peñasco separado apenas unos metros de la punta de la bahía de Cabo Frío. Al subirnos pudimos ver al **Tremebunda** descansando de las millas que ya tenía encima. El ancla mantenía la proa mirando al norte en las revueltas aguas del río. El agua del río venía de la *Lagoa de Araruama*, la cual era bastante extensa, según lo que me dice el satélite de Google.

La recorrida por el fuerte fue rápida. Vimos los antiguos cañones y entramos a los sectores autorizados. Nuestra misión era ver que había allí y no tomar una clase de la historia colonial del Brasil. Volvimos por el puentecito que desembocaba justo en el comienzo de la *Praia de Cabo Frío*. Empezamos a caminarla como si estuviéramos de visita turística. Nos mimetizamos bien con nuestra remera blanca y los shorts de baño. Todos descansaban al sol y algunos (como nosotros) practicaban el ejercicio de caminar mirando gente.

Fue agradable poder relajarse y salir de la rutina del viaje por un rato. Pero como toda caminata de playa, llega el punto en el que uno decide que ha ido lo suficientemente lejos y decide dar la vuelta. Media hora más tarde estábamos en el **Tremebunda** almorzando algo. Conectamos la radio para ver si escuchábamos a alguien. Nuestros amigos de Zárate y Campana aún no estaban conectados así que dejamos la actividad para más tarde. Dormimos un rato dado que el viento seguía aumentando y bajo ningún punto de vista saldríamos a batallar los 30 nudos de proa que estaban aguardándonos detrás del cabo.

Al salir del sopor de la siesta camine por la rambla con Eduardo en otro paseo turístico que derivo en compras de más víveres para la siguiente etapa. En cada parada nos tocaba pensar en que faltaba y que nos sería esencial. Dentro de nuestra memoria de navegantes había fallas y aciertos, olvidos y rememoranzas, pero al fin el surtido de alimentos de el **Tremebunda** había iba ido cambiando desde nuestra partida. Sin dudas ya a esta altura nuestra alacena era más brasileña y los menúes se iban simplificando en cierto modo. Así como no estábamos para aprender de historia, tampoco el viaje era un curso de cocina o una exhibición de platos exóticos. Se comía lo necesario para seguir adelante. En puerto uno podía darse algunos lujos adicionales como la mermelada, la fruta fresca o el pan. En alta mar, el océano nos dejaba comer lo cual era bastante.

Hacia el fin de la tarde escuchamos por radio la famosa Ronda de los Navegantes conducida por Rafael desde las Islas Canarias. No se si este servicio a los trotamundos a vela siga existiendo, pero recuerdo la compañía que significaba escuchar historias de otros navegantes en otras latitudes a través de las semanas. Rafael desde Canarias les brindaba un pronostico del tiempo y les tomaba la posición por seguridad. Un verdadero fenómeno el Rafael. También un poco cabrón pero se le perdona. Luego de la Ronda de Rafael pudimos comunicarnos con Julio en Campana, quien iba a telefonear a nuestras familias para avisarles que estábamos bien. La verdad es que estábamos de puta madre.

Día 33: Esperando

Todos los días pasan cosas, aunque algunos días son más intrascendentes que otros. Hace justo una década estábamos listos para salir, más no salimos. Me levante antes del mediodía. Me sentía descansado, pero el descanso no recomponía la situación. Nuestro plan era soltar las amarras de popa, levantar el ancla y salir hacia Bahía. Sin embargo el viento había aumentado. Aún en el resguardo del río que traía el agua desde la *Lagoa* hasta el mar, el **Tremebunda** se sacudía con los treinta nudos. Las drizas silbaban contra el mástil, lo cual indica (como todo navegante sabe) que el viento es bastante.

Al levantarme Eduardo no estaba. Habría salido a pasear sabiendo que hoy no íbamos a poder salir. El problema en si no era el viento fuerte, sino la dirección de la cual venía. Si hubiéramos necesitado regresar a Buenos Aires, esta baja presión nos hubiera venido fantástica, pero dado que necesitábamos transitar rumbos bajos el viento norte no nos hacia ningún favor. Ya he hablado sobre la paciencia, así que solo la menciono para recordar que esta virtud es, a veces, desesperante y antipática.

Salí a caminar como si buscara a alguien, pero en realidad use el paseo para pensar. La playa estaba casi vacía. La arena volaba por el aire y la verdad es que no era un día ideal para asolearse. Camine por la rambla de la *Avenida Do Contorno* hasta llegar a una zona de comercios.

No estaba buscando nada en particular, pero supe entretenerme comprando algunos víveres más para el trayecto que nos aguardaba. En mi camino de vuelta comencé a imaginar como sería mi vida en Miami, como sería trabajar con mi padre, como podría seguir dedicándole tiempo a la música que llevaba adentro.

No sabía lo que me esperaba específicamente, pero imaginaba con bastante acierto el cambio que se avecinaba. Pude trepar al **Tremebunda** con facilidad dado que el cabo de fondeo se estiraba de un modo que daba un poco de temor, acercando nuestra nave peligrosamente a la empalizada de cemento armado del Iate Clube.

Eduardo estaba adentro preparando algo de comer, mientras se cebaba unos mates. Su mirada lo decía todo. El también hubiera querido seguir viaje, pero no con el viento en contra. Almorzamos y dejamos el resto de la tarde para leer, meditar, planear las rutas en nuestra laptop y también prender la radio.

A eso de las seis hicimos el puente entre la radio de BLU y el teléfono de mi familia en Miami. Para hacerlo mis padres llamaban a la casa de Eduardo Lastiri y el nos ubicaba por radio. Luego con el teléfono cerca del micrófono nos llegaba la voz de mi padre orgulloso de lo logrado y la preocupada voz de mi madre que aún hoy, no puede creer que superamos la prueba. Ahora que soy padre entiendo sus dudas y sus miedos. No me imagino la preocupación de Cynthia si uno de mis hijos se fuera a cruzar el océano o a trepar los *Himalayas*. Si lo hacen me tocara apoyarlos como hace una década me apoyo mi papá.

Hoy comparto el día a día con mis padres desde un lugar distinto. Hoy me toca a mi ser quien ocupa el lugar que ellos ocuparon alguna vez en mi vida. Esta noción me da una perspectiva distinta, como una confirmación de que la vida es efectivamente una rueda. Ojalá, después de su viaje al Himalaya mis hijos me tengan formando parte de sus vidas, repitiendo el ciclo, volviéndose hombres cerca de su viejo.

Cabo Frío - Vitoria

Día 34: En batalla contra el mar

Se que hay gente que cree en que esta realidad en la que vivimos es creada por nuestra voluntad y es tan solo una representación de nuestras conciencias. Yo en verdad no se si esta versión de la realidad sea factible, pero si lo fuera, de seguro nosotros no sabíamos como acceder a ella.

Desde la noche anterior, en la que nos dormimos escuchando silbar a las drizas contra los mástiles de la **Treme** , teníamos la esperanza de que en este día el viento cambiase. Era casi una esperanza probabilística. Si hacía ya dos días y medio que el viento soplaba por sobre los 20 nudos desde el norte, era probable que algo cambiara para que la intensidad o la dirección del viento nos fuera más favorable. Pero todo este preámbulo ya les estará dando la idea de que nuestras esperanzas se desvanecieron con el amanecer.

El viento seguía pegándonos duro desde el norte. Barajamos la posibilidad de salir a enfrentarnos con el norte y su marejada. Las decisiones a bordo se toman dándole varias consideraciones. Es un proceso que tiene poco de veloz y mucho de contemplación y evaluación. Uno se para en la cubierta, pone la frente hacia arriba y respira el aire por la nariz, como si pudiera aspirar el pronóstico. De algún modo se toma una decisión que tiene que ver mas con la intuición con el calculo.

Decidimos esperar al mediodía. Era muy posible que, como

todos los mediodías en las zonas costeras, el viento amainara. Era una cuestión de como se comportan las masas de aire en verano cerca de las costas. Se supone que en la mañana la tierra esta fría en relación al océano y que el viento sopla desde la costa hacia el océano. Este no era el caso dado que estaríamos siendo afectados por una baja presión que se encontraba al sur nuestro que estaba atrayendo el aire de una alta presión que estaría en medio del Atlántico y un poco al norte nuestro. Igual era probable que cuando la tierra se calentara lo suficiente, el viento rotara un poco o amainara al menos. El problema es que este efecto es más acentuado cerca de la costa, pero una vez que uno se encuentra ya mar adentro el viento predominante vuelve a soplar por el efecto de los centros de alta y baja.

Es curioso como siempre me atrajo la meteorología, pero nunca le dedique un estudio serio. Leí muchos artículos y algún que otro libro sobre el clima y su constante cambio. En travesías como la nuestra, la meteorología es tan básica como la matemática al físico o la teoría musical al compositor. Uno puede navegar sin saber nada de ella, pero el saber provee una ventaja que rara vez sea innecesaria.

El viento seguía soplando y con Eduardo tomamos una decisión. Íbamos a salir, como sea. No íbamos a quedarnos un día más en Cabo Frío esperando a que calme. Tal vez esta condición podía mantenerse por un par de semanas en la zona y al salirnos de ella la condición podría modificarse. La ciencia meteorológica nos decía que si nos movíamos del lugar los vientos irían cambiando con seguridad. No sabíamos bien como, pero irían cambiando. Al mediodía sentimos una muy leve merma en el viento. Tal vez el viento no había bajado, pero nosotros quisimos creer que si lo había hecho.

Eduardo soltó la amarra de popa y le dio marcha adelante al **Tremebunda**. El cabo de fondeo parecía una cuerda de violín, el barco avanzaba muy lento contra el viento así que le grité a Edu que le diera más máquina. El motor nos ayudo a avanzar los cuarenta metros hasta donde estaba el ancla tipo Bruce, que una década antes, había fundido Eduardo en su fábrica del oeste bonaerense. Eduardo no solo era el compañero ideal para este viaje, sino que es una de las personas más ingeniosas que he conocido. Varios de los artículos que nos ayudaron en la travesía fueron creados y en muchos casos diseñados por él. En cierto modo él era tan crucial como mi voluntad para la realización de este viaje.

El ancla Bruce de Edu era muy buena para agarrarse a los fondos fangosos, lo cual la hacía muy segura, pero al mismo tiempo la hacía muy difícil de sacar cuando había estado soportando fuertes tirones como lo había hecho en los días anteriores. Finalmente el ancla se soltó y yo pude rápidamente acomodar el cabo en la caja de anclas de la proa. La maniobra me había agotado, pero había que ponerle ganas porque apenas estábamos saliendo.

Volvimos a pasar entre las piedras con mucho cuidado y nos despedimos del *Forte São Mateus*, que esta vez nos quedaba por estribor. Sonreímos como insinuando tácitamente que el viento no estaba tan bravo en la bahía, pero habría que esperar a salir del resguardo de la punta como para sentir que tan fuerte soplaba. Diez minutos pudimos sentir la real potencia con la que nos estábamos enfrentando. Teníamos el viento exactamente en nuestra proa y mi cálculo es que soplaba por encima de los 25 nudos. No nos quedaba otra que darle duro al motor. Así y todo el viento nos frenaba bastante y la marejada pegaba duro contra la proa.

Cuando uno navega a vela, el barco se adapta mejor a las olas, como si el océano aceptara que uno se aproveche de su amigo el viento para recorrer su superficie. Pero a motor la historia es diferente. El barco batallaba contra las olas y sabíamos que esta batalla no iba a cesar mientras que el viento no cambiara. Pero el viento no cambió.

De todos modos nuestra determinación pudo más y al rato ya estábamos acostumbrandonos a las pantocadas del barco contra las olas de frente. No estábamos muy lejos de Cabo Frío cuando, en un instante ambos pudimos ver algo sorprendente que no volveríamos a ver en el resto del viaje. Como unos 80 metros adelante nuestro un gran tiburón salto por el aire, suponemos que intentando atrapar una presa. Yo supuse que era un pez grande pero Eduardo que tiene más experiencia como pescador, me aseguro que eso era un tiburón casi seguro. No se porque pero este breve evento me dio una mezcla de satisfacción y angustia.

Por un lado sabía que estábamos en medio del reino salvaje. Aquí el océano mandaba y cada ola que golpeaba nuestro casco nos recordaba de este hecho. Por otro lado sentí que ese fantástico espectáculo natural que se repite día a día, en esa lucha incesante entre los predadores y sus presas, hubiera carecido de nuestra asombrada observación si no hubiéramos tenido la cuota de coraje que necesitábamos para salir a enfrentarnos con el mar.

Paso la tarde en este pantoqueo constante y sucedió lo inevitable: el engranaje improvisado que había fabricado Edu en Río para el piloto automático se partió y no serviría más. Hasta aquí llego la vida útil del piloto automático y me reconfirmó una sensación arcaica que todo nauta lleva adentro: si algo no es eléctrico, mejor. Si es eléctrico, algún día va a romperse y será en el momento más inadecuado, como cuando estábamos navegando a motor con 25 nudos de frente.

De todos modos a causa de la intensidad del viento que nos pegaba a esa hora ligeramente desde un poco a estribor de la proa (lo que en náutica llamamos, la una, como si fuera la manecilla de un reloj) pudimos colocar el timón de viento para que mantuviera el rumbo firme. Y así seguimos todo el resto de la tarde. Hablamos con Campana por la noche y le informamos a Julio que ya habíamos salido. El se encargaría de hacer llegar la noticia a nuestras familias. Sin nuestros amigos de la radio esta travesía hubiera sido un sufrimiento constante para nuestras familias, pero gracias a Julio García, Eduardo Lastiri y un par de personajes más que ahora se me escapan de la memoria, pudimos no solo sentirnos acompañados, sino que además pudimos brindarle la sensación de seguridad que nuestras familias necesitaban durante la travesía.

Cada noche mi padre marcaba nuestra posición en un atlas. Este atlas hoy lo tengo en mi escritorio y muestra la dedicación que un padre puede ponerle a un hijo. Llegó la noche y recuerdo que cenamos algo liviano. Probablemente un arroz con arvejas, que era una de las especialidades de la casa. Un manjar para dos hambrientos navegantes listos a pasar la noche en batalla contra el mar.

Día 35: Vitoria

Durante la noche el viento del noreste comenzó a amainar. Yo le había entregado la guardia a Eduardo a eso de las cuatro. En adelante íbamos a hacer estos turnos: yo la noche y Eduardo el amanecer. Aprendí a querer la oscuridad y a perderle ese miedo a lo que oculta detrás. Esas noches largas eran interesantes dado que la principal actividad, además de mirar el GPS, era el pensar.

A media mañana me levante sin el ruido de los pantocazos. El viento se había ido apenas hacia el este y había decrecido. Aún soplaba, pero no con tanta intensidad. Decidimos poner las mayores para que ayudaran al avance que nos brindaba el motor. Pero no quisimos apagar el Volvo para poder llegar hasta *Vitoria* que aún se encontraba en el horizonte. No sabíamos que esperar de *Vitoria* pero sentíamos que la parada sería necesaria para intentar recuperar el animo de navegar a vela.

Tras superar los barcos cargueros fondeados en la rada del puerto comenzamos a ver la ciudad en la costa. La carta nos decía que tendríamos que pasar la boca del Río Doce y seguir por la costa hasta el *Iate Clube do Espirito Santo*. Desde el agua la ciudad nos parecía más grande de lo que esperábamos. El Iate Clube se encontraba en la parte norte de la ciudad en lo que parecía ser una zona residencial bien petitera.

A nuestra llegada nos otorgaron una amarra de cortesía en

una de las marinas y aprovechamos la perfecta combinación de brisa y temperatura como una oportunidad para ventilar. Secar el barco abriendo todas las ventanas era tan importante como abastecernos de víveres y la brisa corriendo libre por dentro lograba eliminar la humedad del océano que inundada nuestra cabina. Un par de horas más tardes tomamos una manguera con agua fresca para darle una enjuagada al casco y las velas que estaban completamente recubiertas de una fina capa de sal.

Pasados los treinta días en el mar, todo a bordo contenía un poco de humedad y un gusto levemente salado. Nuestro enjuague intentaba sacar un poco de la sal de Atlántico y devolver el proceso de humidificación a un nivel confortable que se alejara del cien por ciento lo mas posible. Claro que esta batalla no iba a cesar. Era una lucha que no tendría fin y en la cual la humedad y la sal siempre iban a triunfar sin importar la estrategia que utilizáramos para intentar vencerlas. Disfrutamos del sol en la marina y nos preparamos para conocer la cuarta mejor ciudad del país más orgulloso del mundo. Brasil se quiere a si mismo y esto esta muy bien.

Día 36: Shopping de memoria

Hoy recibí un correo de Eduardo. Durante las últimas cinco semanas hemos estado en constante contacto electrónico, de forma que su memoria ayude a la mía. Parece entonces que mi versión de la realidad del día de ayer estaba en cierto modo alejada de la versión de Eduardo, que valga reconocerlo, se ajusta más adecuadamente una la realidad objetiva en la que la mayor parte del planeta coexiste.

Parece que el día anterior si habíamos llegado a Vitoria pero olvide una porción de la madrugada y el amanecer que Eduardo me ayudo a recordar y que ahora, de un modo misterioso, retorna a mi memoria.

Me pregunto cual es el pasado real del cual venimos. Cada uno recuerda de un modo particular sus vivencias, sin tener la posibilidad de verificar si su memoria lo traiciona como me traiciono a mi el día de ayer. En cierto modo creo que es más importante el vivir el hoy basándonos en la versión de la realidad que recordamos sin dudar de nuestra imperfecta memoria. Claro que hay que gente que parece recordar de un modo más fidedigno (como mi compañero Edu) pero tengo la certeza de que a estas personas también se les escapan ciertos hechos o detalles de su pasado que por un motivo u otro su mente borro del disco rígido de materia gris en la que almacena nuestros recuerdos.

La llegada a Vitoria había sido un tanto más compleja de lo que mi relato de ayer pudo narrar. Habíamos estado las últimas horas de la madrugada frente a Vitoria sin estar seguros de donde quedaba el puerto o un club náutico. Navegamos entre las plataformas petroleras que seguían sacando del mar lo que un día ha de acabarse. Tiramos bordes entre los cargueros fondeados en la rada del puerto y aguardamos al amanecer para intentar la aproximación a la ciudad. Ahora puedo recordar el tremendo cansancio del cuerpo exhausto al amanecer y una imagen que si tenía grabada en mi memoria sin saber como relacionarla con el viaje: la entrada al *Río Doce*.

Desde lejos vimos como la ciudad tenía un boyado que llevaba al Río y antes de las siete estábamos pasando por debajo de los puentes que conectan *Vitoria* con la *Vila Velha*. Navegamos media hora por el río mientras el paisaje se tornaba cada más industrial, pero sin perder la belleza del agua que fluye. No teníamos idea de donde podríamos atracar. Ni siquiera sabíamos si existía un fondeadero o un club cerca. Hasta que paso un pescador que recién comenzaba su día. Nos arrimamos y a los gritos pudimos preguntarle en nuestro rudimentario *portuñol* si sabia donde se encontraba el Iate Clube. Nos dijo que si, pero al recibir la explicación nos costo entenderle. Le repetimos varias veces la pregunta hasta que a la cuarta vez ambos logramos entender que había que salir del Río Doce y navegar hacia el norte como 3 millas. El Iate Clube quedaba al oeste del puerto de *Tubarão*. Nos tomo una hora llegar hasta allí y el resto entra en el relato del día 34 de nuestra travesía. Ahora bien, me queda entonces la duda de cómo la memoria ira a recordar y a embelesar este relato de nuestra travesía.

Acá sigue mi versión de esta realidad recordada desde una década más tarde. Desde una casa que era de otro en ese entonces y frente a unos niños que aún no existían, ni siquiera en mi imaginación tan voladora de ese entonces. Usamos el día para recorrer el centro comercial de Vitoria. No se como, pero recuerdo que llegamos al *Shopping Vitoria*.

Estaba a tan solo una pocas cuadras del *Iate Clube* y nos resulto sorprendente volver a entrar al mundo del comercio en el que la mayoría subsistimos. En particular recuerdo la frescura del aire acondicionado, lujo del cual nos habíamos apartado desde nuestra partida. Esta entrada al Shopping fue la que nos dio la noción de que esta era una ciudad importante. El tamaño de las tiendas, la gente que veíamos y el acelerado ritmo nos lo hacían notar.

Hoy puedo comprobar que el ritmo al que se mueve la gente en las grandes ciudades es siempre más veloz que el de los pobladores de ciudades menores o pueblos. Esto no lo invente yo sino que es un hecho estudiado por la gente que se dedica a estudiar este tipo de curiosidades. Hace no mucho pude comprobarlo escuchando un episodio del podcast de *RadioLab* sobre las ciudades, que en efecto la gente de las grandes ciudades camina mucho más rápido que la gente de ciudades chicas. Vitoria era en verdad una ciudad intermedia en tamaño (un millón y medio de habitantes dice la WikiPedia) pero creo que me pareció más grande debido a que no la imaginaba tan moderna y veloz.

No recuerdo precisamente que hicimos por la noche pero mi intuición me dice que habremos cenado algo en el barco mientras nos preparábamos para partir al día siguiente. La memoria tiene mucho de intuición. Uno recuerda en base a la costumbre. Uno supone escenarios y omite los detalles, pero las millas todavía quedaba recorrerlas, sin importar en donde quedarían registradas.

Vitoria - Salvador

Día 37: Partida de Espirito Santo

Soltamos las amarras temprano. Antes de las ocho estábamos saliendo y dejábamos por estribor la exclusiva *Ilha do Frade* con sus casas llamativas y *praias* reclusas. Enfilamos la proa hacia el puerto comercial de *Tubarão*. Desde el club podían observarse claramente las grúas operando. Esa carga y descarga constante que las dos millas que nos separaban del puerto no lograban disimular.

Este puerto es *"o maior porto de exportação de minério de ferro do mundo"*, pero además sirve como puerto para la salida de los granos de la región. Media hora más tarde pasamos bien cerca de la baliza roja y blanca de la punta de la escollera. Era el adiós a Espirito Santo y el comienzo de una etapa más benigna hacia Salvador de Bahía. La brisa de noreste no era fuerte y por este motivo el Volvo debía seguir empujando al **Tremebunda** por algunas horas más. El agua se iba aclarando a medida que nos alejábamos de la rada del puerto. Atrás quedaban los cargueros fondeados a la espera de su turno para llenar sus bodegas de hierro en estado puro.

Al fin Eduardo y yo sentíamos que el mar no nos peleaba en nuestro intento por avanzar. Como era de esperar el viento no era favorable pero al menos no debíamos luchar tanto para conseguir recorrer cada milla. El motor nos empujaba a cinco nudos y podíamos avizorar la posibilidad de navegar a vela si la brisa aumentara un poco.

A media tarde, ya cansados del motor desenrollamos la vela de proa y subimos ambas mayores. Íbamos a intentar la navegación a vela. El rumbo que nos permitía hacer el viento nos acercaba poco a poco a la costa, así que decidimos seguir hasta que la distancia con el continente ya no fuera juiciosa. Creo que los bordes nos duraban tres o cuatro horas. Luego encendíamos el motor y enrollábamos el *genoa*. Con el Volvo hacíamos rumbo noreste para alejarnos de la costa y a la vez acortar la distancia entre nuestra posición y el estado de Bahía. Estábamos en viaje. La dupla del Barrancas se alejaba cada vez más de la boya veinte quinientos y se aproximaba poco a poco a la latitud cero: el ecuador.

Día 38: Archipiélago de Abrolhos

La guardia de la noche fue calma. La luna me acompaño hasta las cinco y cuando ya comenzaba a aclarar decidí que sería ya hora de despertar a Eduardo para tomar su lugar en el camarote del medio. Las noches seguían siendo mágicas, sobretodo cuando la paz reinante de la vela me permitía elucubrar posibilidades para ese futuro que me aguardaba. Desperté antes de mediodía y salí al *cockpit*. Eduardo me recibió con una sonrisa que me demostraba que el también disfrutaba de sus ocho horas de soledad. El sol radiante pegaba sobre la banda de estribor y el barco avanzaba lentamente en rumbo norte. De repente me di cuenta de algo que hasta ahora no había visto: el barco parecía estar flotando en el espacio. Tuve que mirar el ecosonda para verificar que allí debajo nuestro existía un fondo como a doscientos metros mas abajo.

El agua era tan límpida y transparente que uno podía ver hasta la profundidad máxima a la que penetran los rayos solares. El color turquesa dominaba la escena. Parecía un agua pintada con Photoshop, pero en verdad eran las aguas del *Archipielago de Abrolhos*, conocido como uno de los mejores lugares en el Brasil para practicar el buceo. Eduardo sugirió que serian buena idea tirar el señuelo *Rapala* para que siga nuestra estela.

En estas aguas era probable que algún pez de buen tamaño viera el señuelo a lo lejos y se prendiera de él para brindarnos el almuerzo. Pasaron solo cinco minutos de haber estado mojando el pez de plástico amarillo cuando la caña se curvo de modo considerable. Enseguida aflojamos la marcha enrollando el *genoa*.

Al otro extremo de la línea un pez luchaba por su vida y de nuestro lado el hambre del pescador no quería dejarlo vencer. Eramos como el viejo de Hemingway luchando contra su hermano pez. Estuvimos varios minutos intentando traerlo, pero cada centímetro de tanza se recobraba con la lentitud de un una a merced de la corriente en medio de una calma. Entonces pudimos ver sus tonos azulados y amarillos.

- *¿Que es ?* - le pregunté a Edu.

- *Un atún... bastante grande...* -

Segundos más tarde pude ver la belleza del pez en todo su esplendor. Lo estábamos agotando y nuestra victoria estaba cerca. Lo sacamos con el bichero que usualmente nos servía para hacer el amarre. Saltó en el *cockpit* durante unos segundos mientras nosotros sonreíamos sabiendo que su muerte no sería en vano. Íbamos a comer, al fin, pescado fresco.

Eduardo se encargo de limpiarlo y luego la única decisión que restaba era la de determinar el mejor modo para cocinar el atún. Eduardo se aproximó con una sierra y la decisión fue tomada: haríamos rodajas de atún gruesas para hacer a la plancha. Por suerte me había traído a bordo casi todos los adminículos de cocina de la casa de *Uspallata*. Entre ellos, una vieja plancha de hierro a la cual le faltaba el mango de madera. Hoy esa plancha ha de estar sepultada en algún basural.

Luego de mi llegada a Miami el barco paso por varias etapas de limpieza y remodelación de las cuales se encargo mi padre. En alguna de esas limpiezas la plancha, ya toda oxidada y corroída por el salitre, fue a parar a una bolsa junto con los colchones húmedos y los pisos originales de terciado.

Serruchar el atún fue más difícil de lo que parecía, sobretodo al llegar a la espina. Tras concluir la labor, echamos dos "bifes" de atún a la plancha. Era lo más parecido a un bife de chorizo, pero en su versión marina, que habíamos cocinado a bordo. Solo le echamos una pizca de sal encima. Se cocinó durante varios minutos. Se dio vuelta. Se puso cada bife en su respectivo plato y se fue a degustar al *cockpit*. No recuerdo nunca haber probado un pescado tan sabroso. Aún hoy me queda la duda si el sabor tenía que ver con la experiencia o si en verdad este era el platillo marino más exquisito que haya existido. Terminamos la tarde contentos y con la panza llena. En la heladera, que por suerte enfriaba bien, quedarían varios bifes de atún para los días subsiguientes.

Día 39: Carabelas

Las historias sobre piratería las veníamos escuchando desde antes de empezar el viaje. Es como una de esas historias de fantasmas que nos cuentan de chicos. Uno nunca sabe si son ciertas o no, pero lo que es seguro es que el miedo entra en acción de un modo más veloz que la lógica.

Ya durante nuestra primera etapa, cuando recién comenzábamos a habituarnos al uso de la radio de onda corta, escuchamos el reporte de unos navegantes que habían sido atracados cerca de *Los Roques*, unos islotes cercanos a Venezuela. Ya la historia de fantasmas se había transformado en un relato real y en una preocupación en la que intentábamos no pensar demasiado. En nuestro tercer día de navegación desde nuestra partida de Vitoria sentimos el miedo del fantasma tan cerca, que el susto me recordó a la noche en que por primera vez miré El Exorcista en Canal 13.

Era un día soleado como casi todos los demás y ya estábamos dejando atrás el archipielago de Abrolhos. Nos aproximábamos a Carabelas, que era un puerto diminuto mayormente utilizado por los pescadores humildes de la zona. Pasado el mediodía habíamos dejado las últimas islas por babor cuando vimos como una barcaza de pesca se nos aproximaba cada vez más. Nuestro barco venía navegando a motor ya que la calma era casi total. Aceleramos la marcha para ver si la barcaza nos pasaba por atrás en rumbo hacia su sitio de pesca, pero su derrota seguía siempre nuestro curso. En quince minutos los teníamos a cien metros y la preocupación comenzaba a ser tangible. Tanto Eduardo como yo nos preguntábamos que querían esos tipos. Tal vez el aspecto siniestro se lo daba el humo negro que echaba su motor, que sin duda necesitaría una repasada a los pistones (no le recomendaría a Gaucho después de nuestros problemas).

Se aproximaron más aún. La preocupación ya torno en miedo y hasta comenzamos a sentirnos físicamente amenazados. Se acercaron tanto que casi era posible saltar de nuestro velero a esta barcaza. Nosotros pretendíamos estar hablando "con el resto de los muchachos" que pretendíamos estaban adentro. No se que tan bien nos salía esta actuación, pero intentábamos no mostrarnos muy preocupados. La realidad era que estábamos en *"aguas de nadie"*.

Solamente cuando uno se encuentra rodeado de agua, se da cuenta de que la solidez de la ley y la vigencia del estado de derecho allí no cuentan. En el agua no hay ley, ni policía, no hay llamados al 911. Es en verdad, una selva marina donde solo sobreviven los más fuertes (o los que mejor saben actuar).

Durante dos minutos estuvieron tratando de ver cuantos éramos y que llevábamos a bordo. La distancia entre los barcos era poco prudencial y nosotros estábamos preparados para lo peor. Calculo que nos vieron muy flaquitos o tal vez la actuación fue tan convincente que se creyeron que a bordo traíamos a *Schwarzenegger* y *Steven Seagal*. La cuestión es que de golpe se alejaron. Tal vez fue la cara de malo que les puse, pero no niego que el alivio fue similar al que sentí cuando me desperté al día siguiente después de ver *El Exorcista*. Nunca pudimos comprobar que era lo que querían, pero fue mejor no averiguarlo. En adelante este miedo quedo latente y la sensación de inseguridad volvería a repetirse pero no de un modo tan patente y cercano como ese día.

Día 40: Porto Seguro

El viento se había puesto del este y nos permitía navegar a vela. Era un día calmo y aún nos quedaban dos filetes de atún para el mediodía. Tome el clásico libro de *Melville* sobre la ballena asesina: *Moby Dick*. Me di cuenta de como las obsesiones de un capitán pueden ser peligrosas pero a la vez necesarias para la realización de las empresas marinas. Nuestro *Moby Dick* se hallaba al norte y, tal como el *Capitán Ahab*, teníamos la determinación de seguir adelante a como de lugar. El **Tremebunda**, nuestra versión en goleta del *Pequod*, era partícipe de esta voluntad conjunta. En nuestra mira teníamos a Salvador de Bahia, pero aún quedaban dos días enteros para que pudiéramos acercarnos a esta icónica ciudad del nordeste brasileño.

Estábamos a la altura de *Porto Seguro* y me acorde de Diego, el hermano menor de mi gran amigo Gonzalo Cuello. Diego vivía cerca, en *Arraial da Ajuda*, desde hacía una década con su novia brasileña. Había escuchado los relatos de Gonzalo sobre la belleza natural del lugar y sin decirle a Eduardo comencé a fantasear con la posibilidad de visitar al hermano de mi gran amigo y de paso descansar un poco. A *Dieguito* lo conozco desde que era un bebe, dado que a principios de los ochenta, cuando conocí a Gonzalo en el

Colegio San Gabriel, el bebe devenido artesano estaba recién comenzando a dar sus primeros pasos.

Lo recuerdo en su casa de la calle *Yrigoyen*, justo arriba de la barranca. Esa casa en la que pase tardes tan lindas y tan llenas de inocencia. La cercanía de Arraial me acercaba también a mi infancia y a la felicidad recordada de mi niñez. Los amigos, como Gonzalo, la familia y el velero en el que crecí y ahora me acompañaban a seguir creciendo. Me acorde de los juegos de minigolf en el jardín de Gonzalo, de la mesa de ping-pong, de la *Commodore 64* y después de la *128*. Me acordé de los papas de Gonzalo y de la dedicación que ponían en sus tres hijos. Me acordé de como crecer es una etapa hermosa que hoy revivo con mis hijos.

Al oeste de mi posición, tal vez Diego estuviera trabajando sus creaciones artesanales, o estuviera dándose una ducha, pero dudo que estuviera acordándose de mi y de lo lindo que había sido crecer sin mayores problemas. Fue un día de paz, sin mucho avance en términos de millas recorridas, pero un día productivo al fin.

La mente a veces produce más por dentro de lo que las manos pueden producir por afuera. Tras la charla por radio con Zárate escuchamos la ronda de los navegantes de Rafael. Un tano por el pacifico sur navegaba un promedio de 200 millas diarias a bordo de su catamarán, un español se había perdido frente a la costa africana, varios otros recorrían la Polinesia y nosotros escuchábamos el agua acariciando el casco como dándole aliento para que siga en su curso hacia la capital del estado de Bahía.

Día 41: San Valentin en el mar

Hace una década no hubo cena romántica, ni velas, ni regalos. Hace una década estaba en camino. Aquí en Miami me aguardaba una vida con la cual nunca había soñado. Una vida con pañales y problemas del día. Una vida con besos y gritos. Una alegría que nunca había imaginado que podría existir. Hoy los sueños del adolescente se han abandonado por los sueños, más concretos, del hombre en el que me he transformado.

Hace una década no tenía ni idea de lo que me aguardaba, pero si pudiera volver atrás hubiera acelerado el motor para llegar más pronto a donde hoy me encuentro: un universo de flores y sonrisas.

Mientras nos acercábamos a Salvador pude ver en nuestra carta digital que nos encontrábamos a la altura de *Ilheus*. Una antigua ciudad colonial que hoy se sigue dedicando al cultivo del cacao. Pude además ver que tenía un puerto, lo cual era siempre una tentación, pero la parada no sería necesaria ya que nos quedaban menos de doscientas millas para llegar a nuestro destino. Este viaje podríamos haberlo hecho tomándonos seis meses pero no era el modo en que había sido concebido. Aunque muchos no lo crean navegábamos con el apuro de quien sabe que tiene que llegar, pero sin saber bien para que. Hoy se que aquí me esperaba el resto de mi vida y, de algún modo, siento que ese apuro era el apuro por al fin convertirme en hombre.

Pasamos el día en intervalos intermitentes entre la vela pura y la vela con motor. El objetivo era poner nuestros pies en Bahía lo antes posible. A las siete de la tarde prendimos la radio para oír la ronda de los navegantes de Rafael. Tanto Eduardo como yo nos habíamos quedado preocupados por el navegante español que había desaparecido unas 4000 millas al este nuestro. Se llamaba *Isidoro Arias* y estaba a punto de completar la circunnavegación del globo en solitario. Nadie sabia nada aún de él. Rafael lo llamaba con insistencia por la radio pero la única respuesta era el tenebroso silencio. En cada llamada había como un eco macabro que todos los que estábamos a la escucha interpretábamos de un modo oscuro.

No volvieron a encontrarlo, a pesar de que en los días subsiguientes Rafael lo siguió llamando. La versión que Eduardo pudo averiguar a su regreso a Buenos Aires fue que Isidoro fue víctima de una enfermedad que lo enloqueció de a poco. Nadie sabe bien que tuvo, pero ojalá *Poseidón* lo tenga en su gloria. La moraleja que queda es que siempre es bueno saber darse cuenta de cuando uno es capaz de seguir y cuando es bueno descansar o retirarse. La clave de cada una de nuestras etapas en la vida se mide del mismo modo. Tras el silencio largo de los llamados inútiles a Isidoro, por suerte pudimos escuchar novedades del "Tano" Bruno Nicoletti que venía dando su segunda vuelta al mundo junto con su hermano a bordo de un catamarán.

Esta dupla de italo-argentinos de más de 70 años de edad había decidido hacer la travesía siguiendo la *ruta de los 40 bramadores*. Dos viejos valientes sin duda. Eduardo y yo nos quedamos contentos con nuestro relativamente lento avance, mas aun sabiendo que no éramos los únicos embarcados en una osada travesía. A cada momento existen cientos de aventureros que deciden que la vida va más allá de los pagos con tarjeta y la renta a fin de mes. Hoy, además de por el amor, brindo por aquellos que día a día siguen soñando con lo que la mayoría considera imposible o inútil. Celebro el amor de los navegantes por su ruta y del mar por sus huéspedes movedizos.

Día 42: Salvador

Durante la madrugada decidí prender el walkman y tratar captar alguna radio FM. Por momentos logre escuchar el portugués de Bahía, que en cierto modo sonaba diferente al acento del sur con el que estaba más familiarizado. La brisa del noreste nos dejaba avanzar lentamente y yo meditaba acostado en la banda de babor. Tenía puesta unas ojotas que me iban a acompañar durante toda la travesía. Me las había dado mi padre en mi viaje anterior a Miami. Eran la apropiación de lo ajeno y la vez el regalo obligado.

Durante estas noches pensaba mucho en mi familia y en lo difícil que sería para ellos tolerar esta incertidumbre del viaje. Tanto Eduardo como yo nos sentíamos seguros en el mar, pero a la distancia esta seguridad incierta genera insomnios y ansiedad. Lo notaba en el tono de mis padres al hablar por la radio en puente a través de Zárate o Campana.

Lo cierto es que cada vez nos acercábamos mas y estábamos ya casi a mitad de camino. Como a las cuatro lo desperté a Eduardo y me fui a dormir. Después de pasar tantas semanas a bordo, el proceso de irse a dormir y la comodidad relativa del barco no tenían comparación. Es como cuando uno ve a un indigente durmiendo en un banco de plaza: a uno le da pena y piensa en lo duro que será dormir allí, pero el indigente en cuestión disfruta del sueño tanto como el bebe en su cuna o la princesa en su alcoba real.

Eduardo me despertó como a las once. Ya podía verse la ciudad de *Salvador*. Ambos teníamos ya un marcado deseo por llegar. Era una ciudad que nos la habían pintado como mágica y ahora, increíblemente, la teníamos al alcance de la vista. La ansiedad típica del arribo no se correspondía con la energía eólica. El viento era tan tenue que tuvimos que cubrir las millas que faltaban a puro motor. Mientras nos íbamos acercando aprovechamos a doblar las velas y enrollar el *genoa*. Llegamos justo al mediodía al Centro Náutico de Bahia, la marina donde nos esperaba Daniel a bordo de su querido *Cenizo*.

Como no había lugar en las marinas nos tuvimos que amarrar a una boya. Eduardo reconoció inmediatamente el casco rojo del *Cenizo* amarrado en otra boya cercana. Desde nuestro amarre remamos con el inflable hasta llegar al barco de Daniel. Golpeamos el casco y desde adentro emergió el capitán Del Valle con su efusividad. Fue un lindo reencuentro, dado que su papel había sido preponderante durante la preparación y la primera parte del viaje.

Nos invito a subir y tomamos algo a bordo. No teníamos ninguna intención de volver al **Tremebunda,** al cual conocíamos de sobra, pero hubo que hacerlo para bajar los artículos necesarios para la ducha. No lo he mencionado hasta ahora, pero nuestro barco no contaba con ducha y la llegada a la civilización principalmente significaba la llegada al agua corriente y la merecida y necesaria ducha de agua fresca. El cuerpo se siente distinto sin la capa de sal que se le pega a uno tras tantos días en el mar. La llegada significaba también una limpieza fresca que lo renueva a uno.

Después de la ducha decidimos subir por los ascensores al sector del *Pelourihno*, que es la parte colonial de la ciudad y la zona donde se pasean la mayoría de los turistas. Esta parte de la ciudad esta en lo alto y es curioso ver el sistema de elevadores públicos con los que cuentan. La primera impresión de esta increíble ciudad fue muy positiva. Nos pasamos recorriendo las callecitas del *Pelourihno* hasta el atardecer. Recuerdo que nos tomamos unas cervezas y disfrutamos viendo la gente pasar. La vida en la tierra es muy distinta a la vida en el mar. La marcada diferencia nos hacia disfrutar mas de este arribo.

Día 43: Pelourinho

Me levanté tarde y Eduardo no estaba abordo. Calenté la pava y me senté a tomar un poco de agua verde en el *cockpit*. Supuse que mi compañero estaría a bordo del *Cenizo* y que al rato volvería, así que me dedique a contemplar lo concretado hasta el momento: estábamos definitivamente avanzando hacia el norte y con mi compañero habíamos logrado conformar un equipo que lograba viajar en armonía, complementándonos día y noche.

En resumen, podía ver como seguiríamos avanzando y resolviendo los problemas que se nos presentaran. Estoy convencido de que si Eduardo no me hubiera apoyado acompañándome en esta travesía, de seguro no hubiera llegado muy lejos.

Eduardo regreso remando con buen ritmo como una hora más tarde. El también se sentía realizado por el avance de los últimos 5 días. Había estado con Daniel y además se había encontrado con su amigo Pepe, que navegaba en solitario a bordo de un Hunter 40. Además había aprovechado para llamar a su familia desde un cabina telefónica cercana. Yo haría lo propio cuando desembarcara.

Al rato baje para ir a hablar por teléfono con mi familia. Mi padre me pidió que llamara a Alberto Araujo, un amigo suyo que me prestaría dólares de color verde (no marrones como los que me quedaban). Hice el llamado a Alberto, quien dijo que me encontraría en un restaurante donde estaría almorzando. Fui de regreso al **Tremebunda** a arreglarme un poco. Me encontraría con gente de negocios y no era cuestión de ir como un zaparrastroso. Hice lo que pude par lucir presentable con la ropa semihúmeda que pude encontrar a bordo. Igual se notaba que era un vagabundo del agua, pero no me quedaba otra: tenía que ir a buscar el dinero que tanto necesitábamos para seguir.

Volví a la Avenida Da Franca para tomar un taxi. Llegue quince minutos tarde a la cita, pero estaba contento de poder encontrar a Alberto a quien en ese momento aún no conocía. Me recibió con los brazos abiertos y una sonrisa como si se tratara de su propio hijo. Estaba almorzando con Walter Mathis, un ejecutivo de Victorinox que lo visitaba por trabajo. Trate de ser breve pero igual Alberto insistió en que me sentara un rato con ellos y les contara sobre el viaje.

Regrese satisfecho al barco. Con la panza y los bolsillos llenos. Esa noche habría que celebrar. Al caminar por la marina vi que Eduardo estaba parado hablando con un hombre calvo. Me presento entonces a Pepe, su amigo argentino que estaba navegando en solitario hacia Europa y desde hacía un mes se hallaba estacionado en Salvador.

Subí al Hunter para conocer el interior (es algo que los marinos hacemos). Pasamos un rato hablando e hicimos planes para la noche. Pepe y Daniel nos guiarían por el *Pelourihno* esa noche. Como a las nueve subimos por los elevadores para encontrar un ambiente totalmente distinto al del día anterior. La fiesta estaba en marcha. Se escuchaba música en vivo por todas partes y pronto nos enteramos por que: la ciudad se preparaba para el comienzo de los *Blocos de Carnaval* al día siguiente.

Los *Blocos de Carnaval* son el ensayo final para el Carnaval que se lleva a cabo en las calles y enfrente del publico presente. Muchos nos dijeron que los *Blocos* son mejores que el Carnaval, como si el ensayo fuera en verdad el espectáculo en sí.

Recorrimos las callecitas hasta ingresar a un centro cultural donde cenamos y tomamos varias rondas de *caipirinha* y cerveza. El grupo que habíamos formado estaba feliz por el reencuentro y por la salida. Escuchamos la música y tomamos por un par de horas. Los muchachos se querían volver a la marina pero yo no me decidía a abandonar esta noche única. Decidí quedarme caminando por el Pelourinho que ya pasada la medianoche contaba con un ambiente de joda increíble.

Los despedí en la plaza *15 de Novembro* que era el epicentro de la fiesta. Desde allí me decidí a adentrarme en las callejuelas donde parecía habitar el verdadero espíritu del Carnaval que se avecinaba. A dos cuadras encontré un espacio (no se que palabra lo pudiera describir mejor) en el que la música estaba sonando a tope y todo el mundo intentaba ingresar. Apretujado y en medio de mini empujones logre meterme a este sitio donde estaba tocando una de las *Escolas do Samba* que desfilarían al día siguiente. Un ambiente inolvidable. Recuerdo que me puse a hablar con una morena alta que se llamaba Martha. Cuando termino de tocar la *Escola do Samba* la invite a tomar algo a un bar que se encontraba en esa misma cuadra. Fue entonces que pude dar cuenta de lo limitado que era mi *portuñol*. No le entendía ni la mitad de lo que ella decía y no creo que ella me entendiera muy bien tampoco. Recuerdo, no se porque , que me dijo que no sabía nadar, lo cual me sorprendió bastante pero no impidió que la invitara a tomar algo.

Dentro del bar en el que nos metimos también sonaba la música en vivo con un cuarteto improvisado de guitarras, *pandeiros* y *cavaquinhos*. La gente bailaba y cantaba mientras yo intentaba conseguir dos *caipirinhas* más. Ni bien pude volver al lado de Martha se nos acerco un morenito bajito que estaba ya bastante ebrio. Me pidió dinero para comprar un trago, a lo cual me negué con la mayor cordialidad posible.

La charla con Martha se hacia casi imposible por motivos varios: la música, mi falta de vocabulario y el morenito que cada dos minutos volvía a pedirme dinero. La situación se fue haciendo cada vez mas espesa dado que cada vez el morenito venía con mayor insistencia y con menos intenciones amistosas.

No se de donde había sacado la idea, pero supuse que a nadie le molestaría que yo estuviera hablando cordialmente con una morena de Bahia. Le pregunté a Martha si era cierto que allí en Brasil a los locales no les hacia problema si veían a un *estrangeiro falando* con un *meninha* local. Me negó que tal realidad fuera posible: en cualquier parte del mundo los locales protegen a sus mujeres y no importa de donde uno venga, es mejor que no intente aproximarse a sus féminas.

En su siguiente aproximación el morenito ya vino con un fuerte tono de exigencia. Le tenía que dar dinero si o si. Le explique que ya me quedaba muy poco billete y que ese poco se lo iba a dar a la señorita para que tomara un taxi a su casa (así no creía que quería apropiarme una de las suyas). Mi respuesta no le convenció y con mucha cara de malo, desde su metro setenta me dijo:

- *Voce esta buscando a morte...* -

Yo me sonreí, como para no mostrar miedo, pero el miedo si me entro por la retina de los ojos cuando me di vuelta y le vi la cara de espanto a Martha. A ella no le había parecido nada simpática la amenaza y me pidió que nos fuéramos del bar.

Día 44: Blocos de Carnaval

El ambiente de la fiesta que se avecinaba se respiraba en Salvador. Había muchas personas para la cuales la fecha más importante del año estaba a punto de llegar. Se podía uno dar cuenta de la importancia del evento mirando las caras y escuchando los comentarios de los locales. Casi todos desdeñaban el espectáculo circense que realizaban los *cariocas* en el *Sambodromo* de Rio.

Para los *bahianos* había otra forma mejor de celebrar: en las calles junto a los *Blocos*. Nos habían intentado explicar lo que eran estos *blocos* pero no lo habíamos logrado comprenderlo bien (otra vez las limitaciones del idioma *portuñol* se hacían notar). Pero esta interpretación no era crucial dado que ya en algunas horas podríamos averiguarlo en persona. Varios brasileños nos habían aconsejado ir temprano para poder llegar cerca de los *Blocos*. Estábamos a solo dos cuadras y la fiesta empezaba como a las seis de la tarde así que decidí ir a visitar el *Mercado Modelo*. Se trataba de un mercado de frutas, verduras y productos naturales varios que quedaba cruzando una pequeña *rúa*, a tan solo metros de la marina. Además ofrecían todo tipo comidas y artículos para el hogar y los turistas. Me tome una cerveza con *laranja* en unas mesas que se encontraban en un espacio techado en forma de medialuna que parecía ser el punto de encuentro de casi todos los locales.

Desde allí sentado se veían las embarcaciones y la gente que comenzaba a prepararse para la fiesta que llegaría en tres horas. Fue interesante observar la ansiedad con que el Carnaval se aguardaba. La verdad es que yo también estaba ansioso por averiguar de que se trataba. Como a las cinco fui a buscar a Eduardo al barco , luego de haberme duchado por tercer día consecutivo. Era un placer contar con el agua corriente que nos faltaría durante las etapas en el mar.

Caminamos por la *Avenida Lafayette Coutinho*, que era la que circundaba la *Bahía de Todos los Santos*. La avenida ya estaba tomada por los transeúntes y el trafico vehicular ya había cesado hacía un par de horas. No veíamos donde era ideal colocarse dado que no había ningún escenario. La fiesta parecía estar lista para comenzar en todas partes a la vez. Seguimos unas cinco cuadras hacia el sur y allí el gentío era tal que no pudimos avanzar más. Esperamos a que algo sucediera pero sin aburrirnos ni un ápice, dado que la sola observación de este ritual de preparación era un espectáculo en si.

Pasaban muchos vendedores ambulantes y Eduardo decidió pedirse algo de tomar ya que el calor de los cuerpos humanos tan cercanos se hacía notar. Cuando quiso pagar se dio cuenta: le habían sacado la billetera del bolsillo de su traje de baño. Tampoco yo pude pagarle la bebida dado que no llevaba efectivo (los años de entrenamiento en recitales en Buenos Aires me habían ya enseñado a no llevar billetera a este tipo de eventos). Nos quedamos con sed y Eduardo un poco mal humorado por la pérdida. Empezamos a escuchar música que sonaba a lo lejos y entre la multitud pudimos ver un camión con acoplado con una banda de gente bailando arriba. Nos llamó mucho la atención, pero al ver lo alegre que se ponía la gente de ver el camión que se acercaba, nos dimos cuenta de que esos camiones eran los *Blocos*. Parecía ser un sistema de Escolas do Samba cantando y bailando arriba de camiones desarrollado para que la gente pueda bailar alrededor de las mismas y a su vez tener a las Escolas desfilando en un mar de gente que las adoraba.

Esta era en verdad la preparación para el carnaval que se vendría una semana mas tarde. Nosotros no lográbamos entender la euforia, pero definitivamente era un estado contagioso. Pasaron lentamente varios camiones: el de *Chiclete com Banana*, el de *Axe Bahía* y varios más que no recuerdo.

Finalmente tocaría la aguardada presentación de la reconocida cantante *Ivete Sangalo*. Llego cantando sobre la plataforma de un camión , rodeada de bailarinas y con músicos en vivo que interpretaban su música sobre ruedas.

No dejaba de sorprenderme como los camiones no atropellaban a nadie. A pesar de la velocidad casi nula, había muchos encargados de seguridad que trataban de ir empujando a los que se encontraban frente al camión hacia un lado para dejar que el *Bloco* avanzara. *Ivete* cantaba enfundada en su uniforme blanco y el publico la adoraba desde abajo. A mi mucho no me emocionaba la *Ivete,* pero la alegría que nos rodeaba tenia algo de mágico y contagioso. La gente parecía lista a seguir toda la noche, pero a eso de las diez los camiones dejaron de pasar y el ensayo final se daba por concluido.

Mientras caminábamos de vuelta entre la muchedumbre podíamos ver los vestigios de tantas horas de fiesta popular. Por todos lados latas de *cerveja* Brahma y las botellas de *cachaca* vacías, energizantes de la fiesta y propulsores de la embriaguez general que había hecho de esta fiesta una experiencia inolvidable. Ya habíamos visto lo que debíamos ver y al día siguiente nos tocaría prepararnos para la partida, mientras Salvador se preparaba para el verdadero Carnaval de la semana siguiente.

Día 45: Itaparica

Habíamos decidido hacer una parada de turismo náutico antes de dejar Bahía atrás. Daniel nos había comentado sobre la belleza y el ambiente especial que tenía *Itaparica*. Entonces confiamos en el y decidimos seguirlo hasta la isla que se encuentra cruzando la *Bahía de Todos los Santos*.

El día anterior había llegado Lorena, la mujer de Daniel, desde Buenos Aires y nos avisaron que se irían temprano para *Itaparica*. Nosotros nos demoramos con algunas compras de último momento. Lo de siempre: arroz, pan, arvejas y sal – con eso podríamos sobrevivir utilizando de mis limitadas dotes de chef pobre.

Aún conservaba en la memoria las imágenes de la noche anterior: el descontrol de la gente, las infinitas *caipirinhas* que vimos consumir y la represión de la policía que ni bien alguien intentaba empujar con violencia o subirse a donde no correspondía ingresaba con sus garrotes a dar palo.

Al salir del Centro Náutico da Bahía (así se llamaba la marina, y no es que me haya acordado, sino que la memoria de elefante de Eduardo me lo comunico vía yahoo) pude constatar como había quedado el campo de batalla. Serian las nueve pero no se veía a casi nadie en la calle. Se notaba que la ciudad había estado de juerga hasta tarde. Recuerdo a los barrenderos tratando de no perder la calma ante la faraónica tarea que les aguardaba. Papeles, vasos, botellas y basura variada podían verse por todas partes.

Frente al *Mercado Modelo* había un barcito que tenía tan solo

3 metros de ancho. Con asombro vi como paraba el camión repartidor de *cachaca* a reponer el consumo de la noche anterior. Tal como uno ve en Buenos Aires la descarga de 8 o 10 cajones de cerveza, aquí descargaban cantidad de cajones de *cachaca* que servirían como combustible para la fiesta de la noche por venir.

En cierto modo esta ciudad parecía estar siempre de fiesta. Claro esta que llegamos en una temporada clave para la joda, pero la calma y la decisión con la que se descargaban esos cajones me hacía pensar que ese día tenía algo de rutinario para el repartidor.

Volví al **Treme** y comenzamos el cruce de la bahía a motor. Recuerdo que nos tomo unas dos horas hacer el cruce y nuestro espíritu estaba de buen humor. Íbamos a conocer otro lugar y a prepararnos para continuar con nuestro viaje, como si fuéramos a un retiro para navegantes que los aclimata luego de ver tanto descontrol junto en Salvador.

Dejamos el Farol da Barra por babor dándole bastante respeto a los bancos de arena que lo circundaban. No teníamos ganas de perder parte del día sacando a la nave de una varadura por lo que decidimos dar avance con sumo cuidado. No teníamos cartas precisas de la zona, así que la cautela era nuestro único mapa.

Llegamos pasado el mediodía y nos fondeamos cerca del Cenizo, donde Daniel y Lorena estarían celebrando su reencuentro. Nos bajamos remando hasta un muelle donde nos encontramos con uno de esos personajes que solo habitan en los puertos. Este recuerdo llega por cortesía de Eduardo, dado que en verdad no tengo en mi memoria a este personaje, pero creo en la descripción minuciosa de mi compañero y mientras tipeo, casi me acuerdo o me imagino que me acuerdo del fulano.

Era un tipo grande, de pelo largo, que venía navegando a bordo de un velero de madera de uno 8 metros. A bordo su nueva novia, que tendría un tercio de su edad, y los insumos para realizar su arte: la pintura. Nos contó que había recién terminado un mural grande en Itaparica y ahora estaba descansando.

El arte fatiga, esto lo sabemos bien por experiencia. Así que lo saludamos y caminamos por las calles estrechas de Itaparica. Este lugar era en cierto modo la antítesis de Salvador. Parecía una ciudad detenida en el tiempo. Todo era calma en este lugar y nuestra caminata fue más bien una mirada de reconocimiento más que un tour completo. Volvimos antes del atardecer remando hacia el **Tremebunda**, esta vez remando un poco más cerca del Cenizo. Daniel estaba en el *cockpit* y nos vio cuando estábamos a unas pocas esloras del casco rojo de su barco. Nos invito a subir. Conocí entonces a Lorena que nos recibió con la misma sonrisa con la que se recibe a los amigos de siempre. En seguida nos propusieron una idea irresistible para la cena: *linguiza* a la parrilla. (NOTA: *linguiza* significa chorizo brasileño y si, Daniel tenía parrilla a bordo).

Eduardo y yo habíamos tenido ya un debate intelectual sobre nuestras respectivas diferencia de postura política acerca de las parrillas a bordo. No nos habíamos puesto nunca de acuerdo. Yo soy de los que opinan que el carbón a la brasa no se corresponde con la navegación a vela. Es una postura obtusa y absolutista, pero así es. Eduardo en cambio seguía intentando convencerme de que era la apoteosis de la comida a bordo. Nunca logro convencerme, pero cabe aclarar de que yo me negaba a instalar una parrilla a bordo de mi embarcación, pero estaba gustosamente dispuesto a disfrutar de los embutidos asados en la parrilla del Cenizo. En este sentido había logrado relajar mis convicciones para no pasar por un ortodoxo opositor al fuego de a bordo.

Remamos de ida a y vuelta al **Tremebunda**. En ese corto trayecto notamos que los locales tenían a un velero atado contra una pared de cemento. Se notaba que la amplitud de la marea dejaba al barco en seco durante la bajamar y lo retornaba a su estado de flote cuando las aguas regresaban con la pleamar. Daniel luego nos contó que así es como pintan el fondo de los barcos allí: los atan a una pared, esperan que agua baje y toman la lata de pintura *antifouling* para atacar la labor de pintura de fondo ni bien se los permite la marea. Tienen pocas horas para hacerlo y en cierto modo les envidiaba este precario método que les permitía completar una tarea que en nuestro barco me tomaba unos cuantos días de ardua labor. A veces las limitaciones nos ayudan a ser más efectivos y menos detallistas.

Cuando regresamos al Cenizo, el fuego ya estaba cocinando las *linguizas* y la boca se nos hacía agua. Hacía mucho que no comíamos nada asado, desde la partida de Buenos Aires creo yo. Charlamos hasta tarde a bordo del barco de Daniel, mayormente sobre el trayecto que nos aguardaba. Sin duda había sido una excelente idea la de cruzar la bahía para disfrutar de una noche con amigos. Fue la última recalada sugerida por Daniel durante nuestro viaje, pero una que quedaría en la memoria.

Salvador - Recife

Día 46: Adiós a Bahía

Despertamos en la paz de Itaparica. La calma era tal que nos empujaba a no salir, pero nos habíamos propuesto hacerlo y la travesía debía continuar. Por la radio Pepe, el amigo de Edu, nos aviso que había conseguido algunas cartas digitales que nos vendrían muy bien durante las millas que teníamos por delante. Para esto deberíamos recalar brevemente en el Centro Náutico da Bahía del cual ya nos habíamos despedido.

Entonces levamos el ancla Bruce y antes de partir el motor nos acerco hasta el Cenizo. Sin atarnos siquiera nos dimos la mano con Daniel por última vez. Recién lo volvería a ver 6 años más tarde en Miami, cuando lo encontré navegando en un velero que había comprado al norte de la Florida. Esta vez navegaba con Lorena y con su bebe que en el 2003 todavía estaba en discusión. La vida nos va cambiando y nosotros también cambiamos la vida.

Partimos de Itaparica por el mismo camino que habíamos hecho a la ida. Las migas de pan virtuales que quedaban marcadas en el GPS nos ayudaron a pasar por un camino que nos aseguraba que no íbamos a vararnos en los bancos de arena próximos al faro. Las cartas que nos había ofrecido Pepe eran cruciales para poder entrar de modo seguro a varios de los puertos que teníamos en nuestra derrota. Habría que parar brevemente y despedirnos, ahora si de forma definitiva de Salvador.

Cruzamos la Bahía de Todos los Santos en sentido oeste-este.

El mismo trayecto del día anterior pero a la inversa. La brisa nos hacia pensar que tal vez por la tarde podríamos navegar a vela. Dos horas más tarde entramos al Centro Náutico y nos amarramos provisoriamente en la punta de la marina en la que se encontraba el *Samantha* (así se llama el velero de Pepe). Al llegar nos recibió con una sonrisa y nos pidió que lo siguiéramos.

Caminamos unos veinte metros sobre la marina y vimos a Pepe golpeando el casco de un velero brasileño. De adentro salió una pareja con mucha cara de simpáticos (y lo eran). Nos invitaron a pasar y pudimos ver que adentro de su velero de 30 pies contaban con mucho más tecnología que la nuestra. Habían compilado cientos de cartas y de seguro muchas de ellas nos vendrían bien. Hasta tenían a bordo una quemadora de discos compactos. En el 2003 era verdaderamente impactante de encontrar a bordo de un velero una quemadora de compactos.

Charlamos sobre su viaje y según recuerdo iban en rumbo norte, tal vez hacia el Caribe. Mientras la charla proseguía, la quemadora de discos hacia su trabajo de traslado de datos. Yo me encontraba emocionado de encontrar gente que nos ayudaba como si fuéramos sus amigos. Esto lo note infinidad de veces durante el viaje y sin embargo no dejaba de sorprenderme.

La apatía de las ciudades nos tiene acostumbrados al aislamiento y al sálvese quien pueda. Los navegante parecen manejarse con otros códigos que a mi me resultan más nobles y admirables. En total habremos pasado una hora y media conversando e intercambiando notas orales, pero cuando los CDs estuvieron listos no tuvimos más excusas y debimos iniciar la partida.

En camino hacia el **Tremebunda** nos cruzamos con un sudafricano con el que habíamos charlado en los días previos, nos deseo suerte y prometió visitarme en Miami (cosa que nunca hizo). Le dimos un último abrazo a Pepe y le deseamos suerte en su viaje que sería aún más largo, pero con más pausas que el nuestro. Era hora de partir y apuntar la proa hacia Recife. Las cartas digitales en la mano, el motor en marcha y la ciudad que atrás se seguía preparando para el Samba. Saliendo pasamos cerca del *Forte São Marcelo*, que nos seguía con la mirada mientras dábamos el adiós final a Bahía.

Día 47: La rutina del mar

Es tarde y estoy cansado. Los chicos acaban de dormirse y el sueño pretende vencerme sin que logre hacer la crónica diaria del viaje de hace una década atras. Hoy a las siete Damián me despertó con patadas en la espalda. Todas las noches duerme solo en un cuarto improvisado que le hicimos en medio de equipos de grabación, guitarras y libros. Pero anoche fue distinto, lo intentamos poner a dormir en el cuarto con Tobías, pero a mitad de la noche el resfrío que se había agarrado nos dijo que era hora de empezar a pasar una noche con interrupciones. Durmió entrecortado en medio de sus padres. En cierto modo era justo porque las patadas nos despertaban a los dos. Así seguimos hasta las siete cuando ya pude abrir un ojo y verlo sonreír entre los mocos que le caían.

Cada día es un desafío distinto pero en cierto modo similar al desafío del día anterior. Hay algo de rutinario y algo de nuevo en nuestras vidas, y en este sentido el viaje de hace una década se parece también a la vida de todos los días. En el 2003 era empezar la guardia de la madrugada, irse a acostar tarde antes de que me venciera el sueño (como ahora). Luego despertarse y ver los rumbos. Actualizar la posición y tomar mates con Eduardo. Planificar la ruta (como ahora) y leer un rato. No había celulares ni correos electrónicos. No había estaciones de servicio, ni semáforos. Las responsabilidades eran otras, pero en esa libertad del mar existía otra rutina difícil de describir.

Cientos de veces me han preguntado si no me aburrí durante el viaje y la realidad es que no tuve tiempo de aburrirme. Siempre había algo para hacer dentro de nuestra rutina de viaje. Al final de la tarde llegaba la hora de la radio y saludábamos a Julio o a Lastiri. A partir de Bahía también hablamos un par de veces con Pepe y con la ronda de navegantes de Rafael. Terminábamos de hablar mientras se hacía de noche y esto significaba que habría que preparar la cena y volver a comenzar el ciclo cuando Eduardo se iba a la cucheta.

Estábamos casi llegando a la mitad de nuestro tiempo de viaje, aunque esto no lo sabíamos entonces. En distancia nos quedaba recorrer más de la mitad pero sabíamos que una vez que lográramos pasar *Cabedelo*, esa punta de la panza de Brasil, la corriente y los vientos alisios nos ayudarían a avanzar mucho más rápido.

En esta etapa desde Bahía la navegación fue calma. No

avanzábamos mucho a causa de la corriente que bajaba paralela a la costa y llevaba el agua para el lado de nuestro país de origen. Durante el día pasamos frente a *Estancia* y *Aracaju*, según nos decía la carta digital pero nuestra distancia de la costa no nos permitía ver nada. La costa era baja y solo se veía la tierra si estábamos a quince millas o menos de la misma. Esto no nos preocupaba en lo más mínimo. La preocupación era mantener el rumbo y recorrer las millas.

Un día menos en la rutina del mar. Un día más cerca de la rutina que comenzaría en Miami. Estas palabras tipeadas me sacan un poco de la rutina de los pañales en la que gustosamente vivo. El relato distrae y deja un poco del gusto salado de la travesía de la **Treme**.

Día 48: Crecer

Los jueves la rutina dicta fútbol. Después paso a buscar a los chicos por lo de mis padres, o como en el caso de hoy, por lo de mi suegra. De allí a la casa y a dormir. Una rutina que tiene todo de envidiable y que a su vez me hace repensar en mis decisiones pasadas. Justo cuando tipeaba la palabra jueves, siento a Tobías llorando. Ya se había dormido pero el resfrío y la tos que le contagio su hermano lo habían despertado. Tocó consolarlo y darle agua. Ahora a mi lado respira entrecortado con la nariz semitapada, lo cual me recuerda a la respiración de Damián de la noche anterior.

Entre sueños abre los ojos y me dice papá. Yo no muestro

demasiada emoción porque mi objetivo es que se duerma y que pueda descansar para reponerse del resfrío. Este desvío de la rutina también tiene mucho de envidiable. Entonces me doy cuenta de algo que ya venía elaborándose en mi cabeza desde el principio del año: este sueño que vivo hoy no era un sueño planeado, pero es más reconfortante y real que todos los sueños que traía a cuestas en mi viaje.

Me acuerdo del barco con sus cuchetas llenas de instrumentos. El *master* de mi primer disco, *Little Boy*, con copias en varios CDs quemados en las puerta de la dinette. Hoy varias de esas guitarras descansan junto a otras en el cuarto que fue mi estudio y ahora comparten con Damián. Hoy me doy cuenta que convertirse en hombre es aceptar responsabilidad por las acciones realizadas y a la vez también aceptar las limitaciones propias.

Uno de chico sueña con alcanzar el potencial que todos llevamos dentro: ser el jugador que gana el balón de oro, ganar un Grammy o un Oscar, subirse al podio y dar el discurso. La realidad es que no todos cuentan con la dedicación suficiente para llegar a alcanzar este potencial. Siempre es más cómodo abandonar la practica antes de tiempo y quedarse pensando en un pudiera haber sido. La realidad es que no pudo ser y aceptar este hecho es muy maduro y valedero. Crecer requiere de una valentía que tampoco todos tienen. Una valentía que se adquiere con la experiencia y los golpes. Dejar todo a medias es la forma más sencilla de evitar confrontarse con el hecho de que nuestro talento y nuestra dedicación no nos van a alcanzar para completar el cuento de hadas. Creo que en cierto modo, el proyecto del viaje emocionó (y conmocionó) a tantos porque era un proyecto concreto que no íbamos a dejar a medias. Nuestra convicción iba a poder más que cualquier inconveniente con los que íbamos a toparnos.

El día se paso avanzando poco a poco hacia Recife. Pasamos como a veinte millas de *Maceio* cuando ya era de noche. Aún nos quedaban más de cien millas por recorrer hasta llegar a nuestra próxima escala. Daniel nos había dado un par de consejos para entrar a Recife pero aún no sabíamos bien que nos depararía el destino.

A lo lejos se veía el resplandor de *Maceio* y algunas luces de los pescadores de la zona. Mientras surcábamos el Atlántico de sur a norte muchos se ganaban la vida con los recursos que les brindaba el mar desde siempre.

Tobías ya se esta por dormir a mi lado y mientras tipeo siento sus pies tocando mis pantorrillas. Hace ruiditos y me recuerda que la necesidad de ser reconocido en cualquier campo no tiene ningún sentido, porque ahora al fin soy único y necesario para él y para su hermano. Esto es lo que nunca te dicen cuando te toca ser padre: la responsabilidad de criar a un hijo te trae en verdad el goce infinito de ser necesitado.

Día 49: Recife

Todo el día fuimos descontando las millas que faltaban para llegar a *Recife*. Según nuestros cálculos llegaríamos al final de la tarde. En todo Brasil la gente se preparaba para celebrar el Carnaval, que es una semana de fiesta obligada y necesaria para el espíritu brasileño. Por la radio Pepe nos contó que había querido salir de Salvador pero que no lo dejaron despachar a causa del Carnaval. Todo cierra y la fiesta es lo primordial en estos días. Hasta los organismos oficiales se toman descanso y ni siquiera se puede dar salida del país. La lógica es la siguiente: quien va a querer irse en medio de esta joda. Nadie.

Navegamos a vela toda la tarde y a lo lejos comenzó a verse una ciudad que se mostraba grande y pobre. Cerca de las seis nos tocó encender el motor para alcanzar la inmensa escollera que da entrada al puerto de Recife. Según nuestro derrotero el *Cabanga Iate Clube* estaba como tres millas adentro. La escollera de entrada era imponente e interminable. Ya teníamos ganas de llegar y el tramo final a motor se hacía interminable.

Aprovechamos para doblar las velas y dejar todo listo para ir a darnos la ducha religiosa del arribo a puerto. Fuimos pasando los galpones y los cargueros amarrados a su lado. Era un ambiente de puerto de mucho trafico y supongo que gran parte del nordeste brasileño opera a través de esta abertura en el mar. Ya una vez que acabamos de atravesar la zona de galpones, a estribor pudimos ver un poco más de la ciudad y de la pobreza que nos mostraba. Por la Avenida Sul no se veían los Porsches de *São Paulo* o Río. Se notaba que era una ciudad de trabajo, una ciudad donde para sobrevivir había que rebuscárselas.

Al fondo se ensanchaba el canal en lo que llamaban la *Bacia Portuária* y justo en el fondo de esta bahía artificial estaba el *Cabanga*. Pasamos cerca de unos bancos de arena marcados con palos. El sol ya se había puesto detrás de las *favelas*. Comenzamos a ver los mástiles y una vez que nos acercamos divisamos la empalizada que demarcaba el perímetro de las amarras del Iate Clube. Ingresamos y por suerte un marinero nos dio claras indicaciones de donde amarrarnos. Le tiramos un cabo y hasta nos ayudo a bajar. Preguntamos por la administración, pero a esa hora (como era de esperar) ya estaba cerrada. La amarra de cortesía nos daba asilo y el bolso para ir a las duchas estaba listo y colgado del hombro.

Día 50: Muita mulher

Sabíamos que la etapa más dura del viaje estaba llegando a su fin. Después de *Natal* la corriente ya no estaría empujándonos para atrás y los alisios se empezarían a sentir mas firmemente. Ambos estábamos con ansias de avanzar más millas cada día. Durante estos 50 días solo lográbamos avanzar 100 o 120 millas diarias, en general ayudados por el motor que todavía aguantaba. Sabíamos que al pasar *Cabedelo* y cambiar del rumbo noreste por el noroeste todo se haría más fácil y podríamos al menos avanzar 140 a 160 millas diarias. Ahora nos tocaba descansar un par de días, reaprovisionarnos y conocer el afamado *Carnaval do Recife*.

Bajamos a caminar por el *Cabanga* y el espíritu del club era agradable. Recuerdo que Eduardo paso por la tienda del club y me compro una remera de manga tres cuartos que me venía muy bien y me agradaría lucir en Miami más adelante (hasta que la arruine pintando paredes). Frente al club se podía ver claramente una *favela*, que *Google Maps* tiene marcada como "*Favela*". Podíamos notar que a pesar de los lindos veleros y cruceros que teníamos a nuestro lado, esta era la ciudad más pobre que habíamos visitado hasta el momento.

Un marinero nos aconsejo ir a la calle costanera en donde desfilarían las *escolas do samba* locales. Parece ser que el verdadero carnaval de la zona transcurre en la vecina ciudad de *Olinda*, pero no íbamos a ir hasta allí para presenciar el espectáculo. La prioridad era seguir con el viaje y si se podía conocer, se aprovechaba, pero no íbamos a viajar como turistas para ver lo que transcurría en *Olinda*. No olvido el gesto del marinero que mientras nos indicaba como llegar hasta la costanera levantaba las cejas y nos repetía marcadamente la frase "muita mulher... muuuiita", como si quisiera decirnos que la crema de la belleza femenina del nordeste estaría presente y que nos recomendaba asistir para admirar un espectáculo que el se perdería dado que el se tenía que quedar allí en el *Cabanga* trabajando. Nos montamos en un bus con la curiosidad de ver como sería el Carnaval en Recife (y de cómo serian las tantas *mulheres* que recomendaba ver el marinero).

La playa no estaba lejos y unos minutos más tarde el bus nos dejo en donde el trafico se trababa a causa de la cantidad de gente en las calles. Al bajarnos notamos el espíritu popular de la fiesta. Vimos *muita mulher*, aunque la verdad es que no eran de nuestro agrado. Estoy seguro de que el marinero tendría un gusto localista que no llegábamos a aprehender, pero en definitiva de las *muitas mulheres* que vimos no nos gusto ninguna. Esto no es para decir que la mujer de Recife sea fea, sino más bien que las mujeres locales que cuentan con un estilo estético agradable a nuestro parecer, no se habían acercado hasta la *Avenida Boa Viagem* en la que transcurría el pasaje de las carrozas. Así y todo el ambiente era festivo y divertido. No contaba con la exagerada energía de Bahía pero en fin era una celebración digna de ser vista.

Pasamos un par de horas caminando y hasta pisamos la arena una vez que nos cansamos de ver tanta *mulher*. Si mal no recuerdo tomamos helado, uno de esos que los vendedores llevan en la heladeras de *telgopor* y en las playas del sur se ofrecen como "*palito bombón helado*". En definitiva fue una tarde de relax que tanto Eduardo como yo necesitábamos. Sabíamos que el calendario de millas a recorrer para intentar llegar a Miami a fin de marzo sería intenso y por eso era necesario tomarse estas mini vacaciones de la labor del navegante.

Volvimos al *Cabanga* antes del anochecer. En el camino hacia el **Tremebunda** nos cruzamos con el marinero, que abría sus ojos y sonreía como sabiendo que nos había enviado al paraíso de la belleza femenina. Su actitud denotaba una seguridad en la recomendación que no nos atrevimos a refutar. Cuando nos pregunto que tal nos había ido, solo atine a contestarle: "Muita mulher".

Día 51: Preparativos para volver al mar

Nos quedaba hacer los preparativos para nuestra última etapa de lucha en contra de la corriente y el viento. Hacia casi dos meses que las condiciones nos intentaban impedir el avance, pero era como si después de tanta insistencia el mar se estuviera dando por vencido y nos dijera que faltaba poco para que todo se diera vuelta. En lugar de un freno la corriente nos empezaría a empujar, pero para ello habría que pasar por el través de Natal antes.

Salimos del Cabanga buscando un centro comercial y recuerdo nuestro asombro al encontrar un *shopping* que parecía una isla de abundancia entre tanta pobreza que la circundaba. Lo increíble de viajar a la velocidad de paso de hombre es que uno verdaderamente conoce la idiosincrasia de los lugares que atraviesa.

No me animo a decir que conocemos en profundidad Recife, pero a uno se le hace una idea clara de cómo se vive allí cuando lo observa todo a través del lente del navegante.

Luego de comprar los víveres decidimos que lo mejor era volver al club para preparar la partida hacia Natal al día siguiente. Desde el **Tremebunda** hablamos por radio con nuestras familias, a través del puente que nos hacia Julio. Era interesante escuchar las voces entrecortadas por la emoción y la interrupción de las ondas en la atmósfera.

Recife - Natal

Día 52: El ángel de la pobreza

Nos levantamos y comenzamos a preparar la **Treme** para la partida de Recife. Nos dimos una última ducha que nos debería durar hasta Natal. Ambos estábamos ansiosos por partir. Sabíamos que a cien millas quedaba *Cabedelo* (unas pocas millas al norte de la ciudad de Joao Pessoa) la punta en la que la corriente cambiaba y el viaje tomaría una nueva dimensión.

Desde Recife el rumbo sería norte y de Pessoa en adelante esperábamos notar la diferencia. Bien frescos de las duchas nos subimos al barco y nos despedimos de los marineros del *Cabanga*, de buen corazón pero de un gusto estético distinto al nuestro. Les preguntamos donde podríamos cargar combustible y nos dieron la indicación que a dos millas sobre la escollera veríamos la gasolinera. Debíamos completar el tanque de 80 litros y además los bidones de variado tamaños que llevábamos atados al mástil en el baño de la proa.

En ese canal artificial que se formaba entre la calle y la escollera nos cruzamos con cargueros e hicimos la parada a cargar combustible. Una milla más adelante dejábamos atrás la escollera interminable y la pobreza que habíamos experimentado en *Pernambuco*.

Era en cierto modo un poco avergonzante estar haciendo este viaje que parecía una excusa existencial entre tanta necesidad.

Además de la duda y la existencia estaba también la necesidad de mudarse al norte y el símbolo de llevar una parte importante de la historia familiar a flote hasta Miami. Pero no se me ocurrió discutirlo con el ángel de la pobreza, ni con ninguno de los marineros del Cabanga. El viaje iba a seguir. Nos quedaban ochenta millas a Cabedelo y recién habíamos comenzado la tarde. Más al este no íbamos a ir en nuestro viaje.

Esperábamos empezar pronto a ver como el GPS nos marcaría una clara diferencia en las millas recorridas sobre el fondo a cada hora. Anduvimos a motor un buen rato hasta que casi no se veía Recife. El océano estaba cediendo, se daba cuenta de que ya éramos parte de él, de que lo íbamos a acompañar durante varias semanas mas, que nos iría a acunar durante las próximas 4000 millas y que con respeto le pedíamos su gracia para poder continuar.

Día 53: Cambio en la corriente

Después de 53 días llegamos al punto en el que la corriente marina al fin comenzaría a empujarnos. Nos bajábamos de la cinta transportadora que nos impedía el avance. Era como al fin lograr bajarse de la maquina de los gimnasios en la que uno corre pero no se mueve. La gran diferencia es que esta alfombra de agua es tan inmensa en relación a nuestra insignificante existencia, que no podemos darnos cuenta del cambio.

Dejamos *João Pessoa* por babor al final de la tarde y unas millas más tarde la *Ponta de Mato*, en el extremo de la pequeña ciudad de Cabedelo. Era un triunfo moral para Eduardo y para mí, porque ya podíamos corroborar de un modo fehaciente que la corriente no había podido doblegarnos. Dejamos las velas arriba y prendimos la radio. En Zárate y Campana celebraron el logro como si se tratara de un hito para la humanidad. En verdad era un hito en este viaje tan importante para nuestra humanidad particular.

La fuerza de voluntad es una virtud que casi siempre se resalta en relación a un hecho fáctico particular, pero creo que en verdad se debe referenciar al esfuerzo previo al hito. La fuerza de voluntad no llega al pico de la montaña, ni termina el maratón. La fuerza esta antes: en el día de entrenamiento, en la partida y en la voluntad tácita del proyecto que aún no comienza. Habíamos logrado derribar al gigante imparable pero aún nos quedaba enfrentarnos con las serpientes marinas, con nuestro *Moby Dick*: el mar que adelante nos tenía cuatro mil millas de examen a libro cerrado.

Día 54: Natal

Llegamos a *Natal* la noche anterior. Con apenas un poco de luz logramos amarrar al **Tremebunda** en el *Iate Clube do Natal*. Estábamos tan cansados que no salimos del barco. Comimos algo y nos echamos a dormir. Solo íbamos a parar un día en Natal, ya que debíamos completar las millas que nos restaban hasta Fortaleza antes del 3 de Marzo, fecha en la que mi hermano se nos uniría en la etapa que nos llevaría hasta el Caribe. Un día nos daba la posibilidad de reaprovisionar el barco de comida y de paso cargar los tanques de diesel y agua fresca. Era la rutina de los puertos que conocíamos mas que bien. Lo que nunca sabíamos bien era donde comprar.

Durante la mañana reparamos una mayor que tenía dos costuras descosidas. No lo he mencionado hasta aquí, pero las velas ya habían sido reparadas varias veces desde la partida y mi esperanza era que la tela aguantara hasta Miami. Además de la reparación de velas, se organizó el barco, se secó la sentina y se aireó hasta la tarde el barco. Entonces, antes de que pudiéramos terminar con todas las tareas, se largo un aguacero de fuerza mayor.

Curiosamente mientras escribo esto, terminan de caer las últimas gotas de una lluvia no tan intensa sobre mi casa de North Miami. De algún modo me hace notar como todo en la vida es un ciclo que se repite, como una espiral ascendente en la que cada vuelta tiene algo de distinto, pero a la vez algo de similar que se reconstruye sobre la vuelta anterior. El barco, que hoy descansa en la marina de *Key Biscayne,* es el testigo silencioso de este transcurrir espiralado de una década, tal vez la más importante de mi vida.

La lluvia no paraba, pero los víveres nos eran verdaderamente necesarios, así que preguntamos en el club por indicaciones para llegar un supermercado. Dada la situación y la cantidad de víveres necesarios, decidimos tomar un taxi y hacerlo esperar en la puerta del súper. Compramos un poco de todo, pero solamente de lo necesario. Las compras de ese entonces se parecían más a las de un estudiante soltero, pero sin las botellas de cerveza. Curiosamente fue muy poco lo que bebimos a bordo durante la travesía, era como si fuéramos guardianes de la nave a los que no se les permite tomar durante la guardia. Cargados de bolsas regresamos al taxi que nos aguardaba bajo la lluvia que ya estaba inundando las calles de Natal. Una Natal mojada que no llegamos a conocer. Pero igual me lleve algo de esta parada: la lógica como fundamento del idioma.

Mientras regresábamos por entre las calles ya inundadas, el trafico vehicular se había concentrado bastante y hacia que el paso por los lugares menos inundables (que los locales conocían de sobra) se recargaran de autos. El taxista, que era bastante simpático nos comento: *"engarrafamento"*. Le pregunte que había dicho y repitió la palabra *"engarrafamento"*. Mi sonrisa no pudo esconderse. La lógica del idioma recorría mi cabeza sonriente: botella es *garrafa*, y embotellamiento como era lógico, *engarrafamento*. Una lección de portugués que no se me iría a olvidar.

Llegamos al Iate Clube de noche y nos despedimos del simpático taxista dejándole una buena propina por su paciente espera. El barco estaba aprovisionado para poder partir de Natal, la ciudad brasileña más cercana al África. Desde aquí los alisios nos ayudarían a avanzar y el viaje iba a ser otro.

Natal - Fortaleza

Día 55: Cabo Calcanhar

Era hora de partir hacia al encuentro con mi hermano. A través de la radio y el puente que nos hacían los amigos en Zárate supimos que el día 3 de Marzo, mi hermano Iñaki estaría llegando a Fortaleza. Yo estaba ansioso por reencontrarme con él y de que este reencuentro fuera a bordo de la nave que nos había visto crecer.

Partimos al mediodía con un viento de través que nos permitía avanzar a buena velocidad. Antes del atardecer habíamos pasado, tal vez el hito más importante de nuestra travesía: el *Cabo Calcanhar*. Este cabo es el extremo noreste de Sudamérica y para nosotros implicaba un cambio radical de rumbo. Luego de 55 días de navegar hacia el noreste, nuestra proa por primera vez apuntaba al noroeste. Ya podíamos sentir como iban a tratarnos los vientos alisios. El símbolo más importante de este cambio de rumbo fue el trabuchar las botavaras del **Tremebunda** y por vez primera tenerlas del lado de estribor.

Mientras anochecía el viento constante nos empujaba desde popa hacia Recife. La felicidad de este momento era inigualable. Esta condición de ola y viento, justo en la cola, hacia rolar al barco de un lado al otro. En cierto modo me recordaba a los juegos a los que solía subir en el *Italpark* en los '80. El cansancio pudo más que la sacudida y en medio de la madrugada desperté a Eduardo para que se hiciera cargo del barco que se mecía sobre las olas. Ciento sesenta millas más adelante nos aguardaba Fortaleza, nuestra última parada en el Brasil.

Día 56: Viento en Popa

Navegamos todo el día con el viento en la popa. Era la primera vez desde nuestra partida que la vela se disfrutaba a pleno y a pesar de que el **Tremebunda** danzaba de un lado al otro entre las crestas de las olas, los alisios nos empujaban a un promedio de más de seis millas marinas por cada hora. Durante ese día pudimos avanzar más de 130 millas y sin siquiera tocar la llave del motor. El Volvo descansaba luego de 55 días de abuso.

Era un avance necesario y notorio para nuestra empresa náutica y nos aseguraba que llegaríamos a tiempo para encontrarnos con mi hermano en *Fortaleza*. Hasta el mediodía fuimos con las botavaras abiertas a noventa grados del lado de estribor. Esa trabuchada del día anterior todavía nos duraba y no queríamos dejarla de lado por la importancia de su simbolismo.

A eso de la una de la tarde tuvimos que volver a poner las velas del lado habitual para poder seguir el rumbo que nos llevaría directo a destino. Nos encontrábamos a unas cuarenta millas de la costa y el mar nos llevaba con ganas hacia el reencuentro. En cada ola nos saludaban dos o tres peces voladores que a partir de allí nos iban a seguir saludando hasta llegar al Caribe. Despedimos esta agradable tarde con mates y charlas en la radio. Mi hermano estaría preparando sus maletas y nosotros empezando a soñar con la ducha que nos esperaba en *Fortaleza*.

Día 57: Cumpleaños de mi hermano

Hoy mi hermano cumple treinta y seis. Hace una década, mientras cumplía sus veintiséis, mis padres lo estaban pasando a buscar por el *Townhouse* en el que vivía en *Coconut Grove* para llevarlo al aeropuerto. Partiendo de Miami sobrevolaría el mar caribe y medio Brasil para aterrizar en Sao Paulo y desde allí en doble escala, a través de Recife, aterrizaría en Fortaleza al día siguiente.

Ayer Iñaki me trajo su bitácora del viaje del 2003, lo cual me va a ayudar a recordar mejor las dos semanas que pasamos juntos hace una década. En su descripción del cumpleaños numero veintiséis dice sentir que se estaba poniendo viejo. Es curioso como cada uno vive las etapas de un modo distinto. Hay niños de cuarenta y adultos de dieciséis. Mi hermano creo maduro temprano y yo de algún modo venía en mi viaje buscando la madurez que me costo casi un década encontrar en el hemisferio norte.

Durante la noche nos habíamos acercado mucho a Fortaleza. En las horas tempranas de la madrugada se podía observar el resplandor de la ciudad en nuestra proa. Amaneció tranquilo y despejado el día. Sabíamos que teníamos dos alternativas para amarrar: en la bahía fondeados frente al puerto o en el hotel Marina Park. Varios navegantes en Bahía nos habían recomendado ir al Marina Park dado que fondear frente al puerto era un tanto inseguro. Habíamos escuchado historias de atracos a bordo y esto nos basto para tomar la decisión.

Estaríamos tan solo un par de días y pagar la marina se justificaba. El pago era a cambio de la seguridad de saber que podríamos seguir el viaje sin problemas. Si nos hubieran robado la radio o el GPS, el viaje no podría continuar. La seguridad era una de nuestras prioridades tanto en tierra como en alta mar. No sabíamos exactamente en donde quedaba el Marina Park, así que la noche anterior le pedimos a Lastiri en Zárate que busque las coordenadas. En internet encontró una serie de *waypoints* que nos permitirían llegar sin problemas a la marina.

Como a las 6 AM ya teníamos la ciudad cerca. Vimos el puerto a babor y la bahía donde fondeaban los pescadores y navegantes más arriesgados. Ingresamos los *waypoints* en el GPS y comenzamos a navegar la ruta de entrada que nos habían pasado por radio. Como una hora más tarde comenzamos a ver algo extraño en nuestra proa.

Justo en medio de la ruta se veía una estructura semihundida, por lo que tuvimos que alterar el rumbo para esquivarla. Supusimos que se trataba de un naufragio reciente. Al pasar cerca vimos que era un viejo carguero semihundido y que de seguro estaba allí encallado hace décadas. Volvimos a revisar las coordenadas de los *waypoints* y efectivamente la ruta sugerida pasaba justo por sobre el carguero. Esto nos volvía a enseñar que nunca se puede tener fe ciega en los datos o en las cartas. La intuición del marino y los sentidos alertas son siempre la principal herramienta para llegar bien a puerto.

Mientras alcanzábamos el naufragio vimos a uno de los pescadores locales navegando a vela en su canoa. En el nordeste los pescadores no utilizan motor porque saben que la constancia de los vientos alisios les permitirá siempre ir y volver sin gastar combustible. De más esta decir que este tipo de *"pescadores a vela"* contaban con la mayor de nuestras simpatías. Pescar esta muy bien, pero pescar a vela es sin duda, aún mejor.

Cada amanecer los pescadores salen en sus *jangadas* a ganarse la vida utilizando los mismos vientos que nos habían traído hasta allí. Los demás *waypoints* si nos sirvieron para ubicar la entrada al hotel con marina en el cual nos amarraríamos. Al ingresar por la escollera tuvimos la sensación de estar ingresando en otro mundo de privilegio y aislamiento.

El contraste entre la pobreza de Recife y el lujo relativo del *Marina Park* no dejaba de asombrarme. He aprendido que el contraste no solo resalta, sino que además amplifica las diferencias. Habíamos llegado al lugar seguro y controlado desde el cual nos despediríamos de este Brasil tan dispar y tan cálido. En las diferencias sociales no había un odio respirable. Había una aceptación compartida de que cada uno tenía su lugar en el Brasil que le tocaba. Se respiraba una cordial integración que no todas las naciones pobres tienen en su haber.

Amarramos el barco y nos bajamos a pagar la estadía. Luego la ducha y la siesta merecida tras una noche con muy poco sueño. La última parada en portugués. A partir de aquí el mar y el hemisferio norte nos aguardaban.

Día 58: Fortaleza

Hoy llegaba Iñaki y decidí ir a buscarlo al aeropuerto. Antes del mediodía le pregunte al guardia del Marina Park Hotel como llegar hasta donde llegaban los aviones. Me indico que había un bus que pasaba cerca y me llevaría en menos de una hora. Camine hasta la parada y cinco minutos más tarde me hallaba sentado en la fila de asientos dobles del lado de la ventana.

Imaginaba la ansiedad de mi hermano, quien tras catorce horas de vuelos y escalas debía estar cansado pero con la ilusión de este viaje tan esperado. Llegue unos minutos antes de que arribara el vuelo desde Recife de la TAM. Desde el hall de llegadas espiaba a través del vidrio en ese ritual que miles de familiares, novios, amigos y taxistas repiten día a día en cada aeropuerto alrededor del globo. Las circunstancias cambian y las personas no son las mismas, pero en cada aeropuerto están planteados los dos bandos: los que esperan y los que llegan.

Cerca de las dos de la tarde lo vi a través del cristal y me sonrió como diciéndome al fin nos vemos. No nos habíamos visto desde la segunda operación de mi padre. La distancia que nos había separado durante una década no había sido suficiente como para distanciar la conexión que desde chicos siempre habíamos tenido. No era una conexión simbiótica, en la que uno necesitase del otro para existir sino que era más bien la agradable conciencia de que allí, a la distancia, teníamos ambos un hermano con quien podríamos contar en cualquier circunstancia.

Los goles que habíamos gritado juntos, las series de TV que habíamos compartido en la calle *Uspallata* y las miles de cenas. Volveríamos una vez más a compartir la "cama marinera" como en nuestro cuarto del segundo piso, junto a las vías del Mitre. Esta vez la cama iría flotando sobre el Atlántico y el mapa no estaría colgando de la pared como en nuestro cuarto, sino que archivado en el disco duro de la *laptop* que el propio Iñaki me había conseguido para usar en el viaje.

A pesar de mi sugerencia de regresar en bus, mi hermano me convenció de que era adecuado y conveniente subirse a un taxi. El venía de la civilización y del consumo, yo del agua y el ahorro marinero. Dos vidas distintas que se volvían a reencontrar. Cabe reconocer que el taxi nos regreso al Marina Park más rápido que el bus y allí nos encontramos con Eduardo que nos esperaba a bordo. Comimos algo rápido, acomodamos los víveres y materiales del primer mundo que traía Iñaki en la valija y partimos hacia el puerto con la intención de dar salida en la *Capitanía dos Portos*, Policía y Aduana para estar listos a partir al día siguiente.

El carnaval estaba en su momento más álgido y nuestro intento de lidiar con la burocracia un día antes de lo necesario no iba a tener final feliz. La *Receita* (Aduana de Brasil) y la *Capitanía dos Portos* estaban cerradas. No podríamos despachar la embarcación ni dar salida formal del país. La persona de guardia se había ido a comer y no volvería hasta dentro de dos horas. Preguntamos como se podría hacer dado que queríamos partir al día siguiente y el guardia nos informo que al día siguiente habría alguien más de guardia pero que la operación normal recién retomaría en tres días cuando terminase el Carnaval.

De regreso hicimos una parada en la *Avenida Beira Mar* donde supuestamente las actividades carnavalescas estaban teniendo lugar, pero no supimos ubicar en que parte de la misma podía ser. Entonces caminamos un poco por la *Beira Mar* y nos dimos el lujo de una cena en restaurante acompañada de la última caipirinha brasileña. Casi todo estaba cerrado por el Carnaval, así que cuando vimos un supermercado abierto decidimos hacer las compras para las mil setecientas millas que nos restaban recorrer hasta Barbados. Recuerdo la pregunta puntual de mi hermano:

- *¿ Hay azúcar ?* -

- *Si, bastante...no te preocupes* - contesté.

Con las bolsas de plástico cargadas volvimos al **Tremebunda** dispuestos a aprontar la nave para la etapa más larga de todo este viaje. Cruzaríamos el ecuador y navegaríamos sin parar durante dos semanas. Yo estaba feliz de poder contar con mi hermano para compartir esta experiencia y sus ojos me decían que el también compartía esta alegría del reencuentro.

Fortaleza - Barbados

Día 59: Adiós al Brasil

Nos levantamos temprano para intentar resolver los tramites de salida lo más pronto posible. Luego de desayunar, mi hermano y yo partimos rumbo al puerto para intentar finalmente que algún funcionario nos dejara despedir al Brasil de forma legal.

Ya en Natal Eduardo y yo habíamos tenido altercados con la policía debido a que nunca habíamos dado entrada formal al país a nuestro arribo a Florianópolis. El funcionario del sur y el del norte no se ponían de acuerdo sobre si era necesario, además de pasar por *Capitanía Dos Portos*, ir a la Policía para hacer inmigración.

En Natal casi nos dejan presos, pero tras explicar la situación la policía comprendió que habíamos estado mal asesorados por esos sureños que para ellos se parecen más a los argentinos que al verdadero brasileño. Ahora quedaba convencer a alguien en alguna oficina que para salir del país nos tenían que dar salida.

Como a las nueve y media empezamos con la Policía que nos dio de un modo relativamente veloz la salida del país a los tres tripulantes. Ahora faltaban dos pasos más: la *Capitanía dos Portos* para darle salida a la nave y la Aduana para darle salida a los bienes que iban a bordo. Toda esta burocracia lo hace transpirar a uno, pero siendo fecha de Carnaval la transpiración aumenta tanto por el calor, como por la dificultad para encontrar funcionarios trabajando. La Capitanía estaba directamente cerrada, así que caminamos ocho cuadras por enfrente de una gran favela que nos habían aconsejado varios guardias esquivar (aunque era imposible esquivarla si uno quería llegar de un lugar al otro).

En la Aduana nos recibieron pero nos dijeron que no nos podían dar salida de los bienes si Capitanía no daba salida a la nave antes. Les explicamos que estaba cerrado, pero se rieron diciendo que siempre hay alguien de guardia, pero que en Carnaval se toman descansos más prolongados. Lo más conveniente era llamar al funcionario de Capitanía a su casa, donde seguramente estaba en esos momentos. Nos dieron el teléfono. El lugar para llamar: desde un teléfono publico metido adentro de la *favela*.

En un intento de aparecer como el hermano heroico le dije a Iñaki que me esperara afuera, frente a la Aduana. Enfile hacia la *favela* con ciertos nervios. Mi *look* no era de navegante rico, sino de errante de los mares con un traje de baño gastado y solo veinte dólares en el bolsillo. Mientras me sumergía en la *favela*, entre en un universo mágico que nunca voy a olvidar. A cada paso mis nervios se desvanecían y el espectáculo que tenía delante me atrapo de inmediato.

En Carnaval los niños se corren por entre los pasillos arrojándose harina y gritando como desaforados en un ritual que no solamente es inocente sino que además es pintoresco y divertido. Nadie me miraba de mal modo. Como dos cuadras más adelante me tocó preguntar en un *portuñol* que me delataba. Me indicaron de modo amable donde estaba el teléfono más cercano. Llegue bien relajado a llamar al funcionario. Del otro lado de la línea me atendió una señora que imagine como la madre del funcionario. El hombre me atendió de buen modo, ya que al fin de cuentas era carnaval y todo el mundo andaba feliz. Me atendería en una hora en la Capitanía.

Cuando salí mi hermano me aguarda con una ansiedad de quien no ha presenciado el espectáculo que sucede en la *favela* del carnaval. Mi sonrisa de inmediato lo tranquilizo. Fuimos con calma de regreso hacia la Capitanía a esperar al funcionario que estaría en esos momentos comiéndose algo que le preparaba la madre. Dos horas más tarde salíamos de la Capitanía y fuimos trotando las ocho cuadras hasta la Aduana. En el camino varias veces se me cruzo por la cabeza que íbamos a llegar y sería la aduana la que estaría cerrada, pero mis miedos fueron infundados. El mismo que nos dio el numero de teléfono nos recibió con una sonrisa y nos estampo no se que papeles para dar fin a la parte burocrática de nuestra visita de más de cincuenta días al Brasil.

De camino hacia la **Treme** nos detuvimos en un cybercafé para mandar un email a nuestra familia. Sería el último contacto electrónico hasta dentro de dos semanas. Al llegar al *Marina Park* estábamos todos transpirados por el periplo de la salida legal del país. Iñaki y yo nos miramos sin dudar: había que darse un último chapuzón en la piscina del hotel.

Diez minutos más tarde ya estábamos soltando las amarras y saliendo a motor de este oasis de opulencia. El Atlántico nos recibía una vez más. El día era caluroso y la brisa liviana. La tormenta del día anterior había dejado un ligero mar de fondo que nos sacudía más de lo previsto.

Durante las primeras dos horas, el Volvo nos ayudo a impulsarnos hasta que logramos alejarnos un poco de la ciudad, mientras de paso se cargaban las baterías y se congelaba la heladera que solo funcionaba con el giro del motor. La salida era siempre un momento feliz y las fotos registraban la felicidad congelada de este trío que cruzaría el ecuador en tan solo tres grados de latitud.

Como a las ocho hablamos por radio con Zárate para contarles sobre nuestra partida del Brasil. Recién a la hora de comer pude darme cuenta de la enorme ayuda que sería contar con Iñaki durante esta etapa. Por primera vez en casi dos meses la cocina era el territorio de otro Goris. Mi hermano nos hizo una sopa, que a los tres nos sentó bien entre tanto zarandeo del oleaje. Eduardo se acostó temprano e Iñaki se quedo haciendome compañía hasta la medianoche. Le sugerí que descansara y me quede pensando en cuanto lo había extrañado en todos esos años a la distancia.

Día 60: Dos meses en el agua

Hacía dos meses que habíamos dejado atrás la escollera del Club Barrancas. A cada hora nos acercábamos más a esa línea imaginaria que divide al planeta en dos hemisferios desiguales.

La madrugada había comenzado de un modo agitado. A mi me tocaba la primera guardia, que en cierto modo era la más difícil, dado que uno acarreaba el cansancio del día a bordo. Pasada la medianoche, unos lejanos nubarrones negros comenzaron a acercarse.

Algunos pasaban cerca y nos tiraban ráfagas de viento que

descendía del *cummulus nimbus* cargado de agua y electricidad. Era una experiencia que ya habíamos pasado, pero en cierto modo el tamaño de las nubes y la persistencia en su arribo era lo que me sorprendía y preocupaba un poco. A pesar de no haber luna, la penumbra siempre me dejaba ver algo. Estos pocos metros de visión desaparecieron a las dos y media. Me daba cuenta que la nube negra que se aproximaba no era una más, era definitivamente enorme y amenazadora y tras de ella no se veía más nada.

Decidí enrollar el *genoa*, aunque nuestra velocidad bajara un poco. Estábamos avanzando a increíble velocidad: entre ocho y nueve nudos, lo cual era casi un récord para el barco. Pero el récord verdadero estaba por llegar. El *genoa* no enrollaba y la nube negra ya estaba sobre nosotros. No sabia si despertar a los muchachos para que me ayuden. Esta duda se acabo con mi grito hacia adentro de la cabina cuando la nube empezó a hacerme sentir los treinta y cinco nudos saliendo de su tripa oscura y ascendente.

El barco comenzó a sacudirse y casi a planear sobre las olas. Si mal no recuerdo llegamos a doce nudos de velocidad (el récord del que hablaba) y la situación se estaba tornando peligrosa. Habría que ir a la proa a destrabar el enrollador. Eduardo e Iñaki salieron preocupados mientras yo me ponía el arnés de seguridad para ir a evitar la catástrofe. Mientras caminaba con cuidado hacia la proa y las olas me empapaban, me acordé de Insua y su decidida e intransigente oposición al enrollador. Tenía que darle la razón y de seguro Insua no sabría que estaba acordándome de él en ese momento.

Al llegar adelante apenas podía ver lo que pasaba. Luego de

un minuto pude ver que el cabo se había salido del tambor y esto no permitía enrollar la vela. Lo volví a meter y regrese hacia popa mientras Eduardo enrollaba desde atras. La cara de mi hermano aún llevaba preocupación. No le gustaba nada esta excursión gratuita a la proa, pero había que hacerla para no romper los elementos y poder proseguir.

El viento comenzó a soplar más duro por lo que decidimos bajar la vela del mástil de popa. Así y todo seguíamos avanzando a siete nudos. Mi hermano se quedo conmigo en la guardia como hasta las cinco, hora en la que despertamos a Edu y nos fuimos a dormir. Cuando nos levantamos el día seguía nublado y los chaparrones llegaban y se iban como hacen los colectivos en las grandes ciudades.

Al mediodía mi hermano le insistió a Edu para que tirase la caña con su señuelo Rapala, del cual ya había oído grandes maravillas. La insistencia iba a dar buenos frutos tan solo unos minutos más tarde. La caña se doblo más que nunca y debimos aflojar las velas para ayudar a traer a bordo a la víctima que sin duda sería la más grande que habríamos de atrapar. Cinco minutos más tarde pudimos ver a la dorada saltar como dos pies fuera del agua. Este salto representaba la lucha por su supervivencia, pero nosotros no se la íbamos a hacer fácil. Nosotros también luchábamos por el alimento y por la aventura de jugar al hombre primitivo. Mi hermano tomo el bichero y engancho a la dorada de una de las agallas, como debe hacerse. El pez pesaba en cantidad.

Una vez en el *cockpit* los tres vimos con asombro como se sacudía y golpeaba contra todas las superficies, tiñéndolo todo de color sangre. Una vez que se apago la vida del pez empezó la sesión de fotos y medición. El ahora pescado media un metro treinta y pesaba más de diez kilos. Visto desde arriba ocupaba casi todo el piso del *cockpit*. Sin duda nos iba a alcanzar para varias comidas a los tres. La primera variante fue sencilla pero deliciosa: dorada a la plancha (la misma receta del atún que pescamos en Abrolhos).

La verdad es que la travesía de a tres se hacia más entretenida y menos exigente. Iñaki se durmió una siesta tras la conversación por radio con Zárate, para recuperar el cansancio de la madrugada. Al levantarse nos cocino un *Fetuccinni Alfredo* que fue muy bienvenido por Eduardo y por mi. Teníamos no solo un buen compañero de guardia a bordo, sino que también un hábil cocinero siempre dispuesto a satisfacer el hambre de los tripulantes. Me fui a dormir temprano. El cuerpo no daba más y el lujo de ser tres me permitía descansar sin remordimiento, al menos hasta la próxima guardia.

Día 61: El ecuador

La guardia del tercer día comenzó temprano. Como a las cuatro y media me despertó mi hermano para que lo relevara. Casi nunca había hecho la primera guardia del día y en cierto modo era una nueva experiencia. El mate me fue despertando mientras la tiniebla desaparecía. Estábamos a pocas millas del ecuador y aquí los días duran siempre lo mismo: de seis a seis.

En la heladera había aún cantidad de la dorada que habíamos pescado el día anterior. Era reconfortante saber que seguiríamos comiendo pescado fresco en las variantes que se le ocurrieran a mi hermano. Mi puesto de cocinero había sido delegado de manera total y completa con la llegada de Iñaki a la cocina del **Tremebunda**. Con el correr de la mañana el viento roto un poco del este al noreste y debimos ajustar las escotas un poco. La velocidad sobre el agua disminuyo un poco, pero la corriente nos seguía empujando hacia el Caribe.

Compartía unos amargos con Edu cuando mi hermano se levanto a media mañana. Fijamos la posición que nos dictaba el GPS en la carta y calculamos que durante la tarde cruzaríamos el ecuador. Era un hito que todo navegante anhela sobrepasar y es curioso que se le de tanta importancia dado que las olas son iguales en ambos hemisferios y la línea imaginaria es en verdad bien difícil de imaginar. Para nosotros sería un cero en la pantalla del GPS y la celebración merecida que se aproximaba.

El mediodía nos recibió con el anuncio del menú: dorada al horno con crema. Mientras nos comíamos el manjar de Iñaki nos acordamos de nuestra madre. Era un menú digno de ella, inspirado en ella y si se quiere, dedicado a la distancia a ella. Terminamos los tres satisfechos y con más de la mitad de la dorada fría en la heladera.

A las tres y cincuenta de la tarde llegamos a la línea imaginaria. Hicimos la cuenta regresiva de los segundos de latitud como si se tratara de un despegue de una misión de la NASA. Los segundos avanzaban de forma irregular, hasta que llegaron al fin a cero. Estábamos en la mitad del mundo y era para celebrar. Abrimos un *Fresita* que había estado reservado para la ocasión desde nuestra partida. Celebramos los tres con la euforia semisimulada de un año nuevo. Feliz 6 de Marzo, **Treme**. Al fin cambiaste de hemisferio.

Mientras duro la celebración, los segundos de latitud comenzaron a crecer del lado norte de nuestro planeta y pronto la línea imaginaria nos había quedado una milla atrás. Creo que la alegría mayor era la de al fin ver ese numero que nos acercaba al destino creciendo. Nuestra latitud ya estaba en norte y hasta el grado veinticinco no íbamos a parar.

Cayo el sol y prendimos la radio por unos minutos solamente. Avisamos a Zárate sobre nuestra celebración y de paso informamos que la navegación seguía su curso de modo normal. Que se quedaran tranquilos, ese era el mensaje. Decidimos no charlar demasiado ya que las baterías estaban bajas y la radio consumía bastante para trasmitir. El Volvo había dado problemas para arrancar y lo más sensato sería conservar los *amperes* que le quedaran para el arranque del día siguiente. La cena fue liviana. Una sopa basto para saciarnos. Esta noche me tocaría la guardia que más me gustaba: la noche repleta de pensamientos y especulaciones.

Día 62: Ducha del cielo

Habíamos comenzado el cuarto día desde nuestra partida de Brasil y los tres ya estábamos habituados a la rutina del mar. Las guardias nocturnas eran más fáciles de digerir al ser compartidas de a tres y el espíritu de la tripulación era bueno. Mi hermano continuaba con sus anotaciones y sus cálculos para ver si efectivamente llegaríamos el día 16 a Barbados. A falta de planillas de Excel, su libreta lo ayudaba a calcular lo incalculable. En el mar no hay tiempo. Las horas son distintas y por más que intentemos extrapolarlas al minutero de la civilización, esta extrapolación pierde sentido en la inmensidad del océano.

La variante del pescado fue el estrenar la sartén con aceite. Los filetes fritos nos cayeron más que bien para salirnos de la monotonía de la intensa lluvia. Por momentos la visibilidad era muy poca a causa de la gran cantidad de agua que nos caía desde el cielo. Muchos navegantes aprovechan estos aguaceros para rellenar sus tanques de agua pero nosotros no contábamos con el sofisticado sistema de lonas y mangueras para acumular el agua que caía.

Entonces el aroma corporal nos hizo recordar que si había una manera de aprovechar ese agua que literalmente nos venía de arriba. Era hora de darnos la primera ducha oceánica. El regador era tan inmenso como la nubosidad que nos cubría y la intensidad o temperatura no eran regulables. Afuera el sensor de temperatura del ecosonda marcaba veinticinco grados pero la lluvia, que venía de la helada atmósfera sin duda estaba más fresca. Curiosamente es bastante más complicado de lo que parece el enjuagarse con un duchador tan grande. Lo más efectivo era juntar agua en un balde para tirársela uno en la cabeza, aunque esto aumentaba el nivel de escalofríos. A pesar de encontrarnos a pocas millas del ecuador, el frío seguía existiendo, al menos en su forma relativa.

El viento cambiaba en intensidad y dirección pero la **Treme** seguía avanzando en el hemisferio norte. Pasada la sesión de ducha nos mantuvimos secos adentro. La tarde se paso entre mates y mas lluvia. A las siete llego la hora de la radio y pudimos hablar con mis padres a través del puente que nos hacia Eduardo Lastiri desde Zárate. La claridad de las voces a través de este método era realmente limitada, pero de algún modo la voz de mi madre, con sus frecuencias medias y altas exaltadas nos llegaba tan claro como cuando nos retaba de chicos. Tal vez fuera unos de esos mecanismos instintivos similar al de las aves marinas, que siempre pueden reconocer el chillido de la madre. Al finalizar la conversa radial Iñaki nos deleitó con unos *macaroni* con tuco. El menú definitivamente había mejorado de manera considerable desde la llegada de mi hermano.

Me quede despierto para hacer la primera guardia de la noche. En la inmensidad del océano uno contempla lo insignificante que es uno. Hacía días que no veíamos barcos ni tierra. Hacía días que la libertad y la paz habían cobrado un nuevo significado: la inexplicable sensación de que uno es responsable de los actos propios, pero que la naturaleza lo domina todo y nos da el marco para experimentar una libertad limitada y construida a la medida de nuestras posibilidades.

Día 63: Sin azúcar

A mi hermano le había tocado la guardia del amanecer. En cierto modo nos complementábamos dado que a mi siempre me había gustado la noche y a él las horas tempranas. Despertó a Eduardo una vez que la claridad le dijo que el nuevo día había ya comenzado. Se quedo un rato despierto y decidió desayunar antes de acostarse. Entonces se dio cuenta de la pequeña tragedia con la que habríamos de lidiar durante los próximos diez días: se había acabado el azúcar. Se acordó de mi, que en esos momentos dormía de manera plácida y de nuestra conversa en el supermercado brasileño.

- *"Si, hay bastante ... no te preocupes"* - había sido mi frase en Fortaleza mientras cargábamos el chango de víveres y el dejaba el paquete de azúcar que había agarrado de vuelta en su góndola.

¿Que haría ahora sin el dulce sabor del polvo de la caña? Se ingenió haciendo un chocolate con *Nesquik* y esto lo dejo temporariamente satisfecho. Se pudo ir a dormir sabiendo que había desayunado ya.

En mi defensa debo argumentar que desde la llegada de mi hermano a la embarcación y, sobretodo ante el incremento de un 50 por ciento en la cantidad de tripulantes, el consumo de azúcar se había incrementado de modo considerable. No se si habían sido los *pochoclos* o el café abundante pero lo cierto es que el azúcar se había acabado y que no volveríamos a apreciar el dulce sabor hasta llegar a las islas del Caribe, donde la caña no solo se utiliza para el azúcar, sino que más importantemente para fabricar el *ron*. Cuando me levante pude notar que el viento era considerablemente más intenso que los días anteriores.

Calculo que al menos soplarían unos veinticinco nudos y por momentos tal vez llegaba a los treinta. El fondo del mar se encontraba unos tres mil metros para abajo y las olas habían crecido de manera considerable. El **Tremebunda** hoy recorría cada milla más rápidamente que en cualquier otra etapa. A cada hora hacíamos siete millas y media y el camino hacia el Caribe se acortaba a cada minuto.

Lo cierto es que además del movimiento hacia adelante, podíamos sentir en el estomago el sube y baja agitado de la nave entre las olas. Al menos cuatro metros subíamos y diez segundos más tarde los bajábamos. Este tobogán sin fin seguiría presente durante varios días y nos ayudaría a desarrollar características gatunas, las cuales se hacían imprescindibles al bajar a la cabina.

Con el descanso merecido de Iñaki la comida del mediodía recién comenzó a prepararse a las tres y a disfrutarse a las cuatro. Seguíamos comiendo de la dorada pero en esta ocasión en forma de guiso con cebolla, zanahorias, papas y un poco de arroz. Según la crónica escrita de mi hermano, esta variante se encontraba en ranking numero dos de formas de cocinar una dorada a bordo, solo superada por el clásico pescado frito.

No paso demasiado tiempo hasta que llegáramos a la hora de la radio y gracias a la gentileza de Julio de Campana, Eduardo pudo establecer contacto con sus padres. Luego de recordar esta charla de Eduardo me quedo pensando en lo difícil que será tener a un hijo en medio del océano. Nos quedamos hablando con Julio y con Lastitri por la radio por un buen rato. Estas charlas cortaban la monotonía del sube y baja de las olas y los alisios del Noreste. La luna en cuarto creciente se dejaba ver un poco más que las noches anteriores y de seguro antes de que llegáramos a Barbados iluminaría nuestras noches con su plenitud en ciclos de cuatro semanas.

Día 64: Cornalitos de pez volador

Eduardo y yo charlábamos de la vida cuando lo vimos aparecer a Iñaki que se levantaba luego de cuatro horas de descanso. En seguida nos preparo un *Nesquik* a cada uno para comenzar la mañana con algo dulce como a él le gustaba.

Los alisios nos seguían empujando hacia el caribe y sin duda esta iba a ser uno de los días de buen avance. Los peces voladores se la pasaban saltando en nuestra proa y los más desafortunados caían en cubierta sin que lo notáramos. Algunas veces lográbamos devolverlos al agua pero en este día en particular, una cantidad considerable se había acumulado en el área de la proa. La mayoría tendría menos de diez centímetros pero había uno que parecía el bisabuelo de todos que al menos media dieciocho o veinte.

Iñaki decidió que esa cantidad era suficiente para una picada y antes del mediodía los comenzó a rebozar con harina. Dos minutos de sartén y el aperitivo estaría listo: peces voladores fritos – un manjar del Atlántico meridional. Con esto nos basto para saciar el hambre por un rato, hasta que la inquietud de la media tarde nos indicó que era hora de otra ingesta de alimentos.

El viento era tan constante que el timón de viento apenas se movía. La **Tremebunda** cruzaba cada ola con gracia y la única sorpresa en ese cuadro en movimiento eran los peces voladores que seguían cayendo sobre cubierta. Tomamos una sopa instantánea y se aprovecharon una salchichas que estaban al límite de la salubridad. Iñaki se recostó a leer un libro Isabel Allende pero a las cinco paginas se quedo dormido en la cucheta de popa.

La rutina siguió su curso y tras los mates vino la hora de la radio. Pudimos hablar con mi abuela Helvecia que se había acercado hasta lo de Lastiri para escucharnos. Fue emocionante escucharla desde el medio del Océano. Todavía no se como será ser abuelo, pero aparentemente una de las mejores cosas de ser padre es la posibilidad de algún día llegar a ser abuelo. El tiempo dirá.

Iñaki nos preparó a una dieta de sándwich de jamón y queso, señal clara de que la dorada se habría acabado. Mientras masticábamos dejamos el motor encendido para recargar las baterías que bajaban considerablemente en su capacidad tras el uso extensivo de la radio. Eduardo se acostó primero y nos quedamos con mi hermano contemplando las estrellas desde el *cockpit*.

Entonces recibimos la primera visita inesperada de esta etapa. En la oscuridad pudimos ver que un gaviotín gris nos seguía de cerca. Estaríamos a doscientas millas de la costa y de seguro quería descansar sobre nuestro casco para recobrar energías. Luego de tres o cuatro intentos de aterrizaje el gaviotín gris logro bajar sobre la chubasquera gris de la **Treme**. Se quedo con su pico apuntando al viento y de a ratos cerraba un poco los ojos como descansando la vista. Me fui a dormir con la tranquilidad de que mi hermano se quedaría con nuestra amiga plumífera, que en el momento bautizamos como "Catalina".

Día 65: La mancha en el radar

Hacía una semana que habíamos partido desde Fortaleza y luego de la primera tarde, no volvimos a ver otro vestigio de vida más allá de la gaviota Catalina. Estando aún ella montada sobre la chubasquera, a mi hermano se le ocurrió encender el radar, como una rutina de control de las distancias, tal como lo habíamos hecho en madrugadas anteriores. En esta oportunidad pudo ver una mancha verde en la parte inferior derecha de la pantalla del *Furuno*. Los anillos de distancia indicaban que la mancha se encontraba como a quince millas detrás nuestro. De inmediato Iñaki salió para mirar hacia atrás pero no pudo ver nada. Quince millas son demasiado para nuestra vista, pero no para el *Furuno*.

En cierto modo el radar era como una ventana hacia el futuro. En su pantalla podíamos ver que buques veríamos más tarde o en cuanto tiempo podríamos ver la costa. Una media hora más tarde el radar indicaba que la mancha estaba ya a doce millas y en el horizonte comenzaba a verse el resplandor del buque iluminando el océano en nuestra popa.

El instinto me despertó antes de que fuera la hora de mi guardia. Note que mi hermano había apagado todas las luces de navegación. Me explico que le había quedado en su memoria consciente el relato de la piratería de la zona. El radar nos indicaba que el barco estaba a solo seis millas y que por el tamaño de la mancha parecía ser un carguero de considerables dimensiones. Desde el *cockpit* ya podíamos divisar la luz de proa y de popa de un transatlántico de grandes dimensiones. Decidimos volver a encender las luces del tope para que los del buque pudieran vernos mejor. No eran piratas, sino productos en transito hacia el consumo. Para quedarnos aún más tranquilos encendimos la radio VHF e intentamos contactar al buque. En un correcto ingles británico nos respondieron diciendo que nos tenían identificados en su radar y que continuáramos con nuestro rumbo que nuestras estelas jamás se cruzarían.

Entonces le sugerí a Iñaki que fuera a dormirse y me quede en la grata compañía de Catalina que aún recobraba fuerzas sobre la chubasquera. Deje que amaneciera antes de despertar a Eduardo para que me relevara en la guardia. El barco había avanzando muchas millas durante la noche y era tiempo de descansar. Cuando me levante, ya Iñaki amasaba una pizza marinera creada a base de harina y levadura brasileña. La preparación, amasada y cocción nos entretuvo durante un par de horas y tras el almuerzo nos dedicamos a la lectura. Iñaki leía a Allende y yo a Cortázar.

Recuerdo que el Cortázar del mar era distinto al Cortázar de mis lecturas en Vicente López. En cierto modo era como si el océano le diera un matiz y una gravedad especial a los intrincados relatos del autor. Se hablo poco por radio dado que nuestros contactos de Argentina no se hicieron presentes. Escuchamos la ronda de los navegantes y nos llamo la atención Gaspar, un joven español que iba cruzando el Atlántico en solitario, rumbo a Barbados. Lo contactamos brevemente para desearle suerte y decirle que estaríamos en Barbados a su arribo en caso de que ambos barcos siguiéramos navegando de acuerdo a lo planeado.

En alta mar todo es por ahora y los tiempos son ajenos a los tiempos de la civilización moderna. Por eso quedamos en vernos cuando llegase, y no en una determinada fecha o lugar. Nos despedimos de Gaspar y nos dedicamos a la cena. La bitácora de mi hermano no me dice que pero sospecho que fue sopa con los restos de la pizza del mediodía. Decidí acostarme temprano dado que estaba agotado. A las diez Eduardo y yo lo dejamos a Iñaki solo en el *cockpit* para que se hiciera cargo de la primera guardia.

Día 66: Los últimos filetes

Apenas pasada la medianoche sentí ruidos en cubierta y decidí salir. Mi hermano estaba intentando enrollar el *genoa*, pero nuevamente el bendito enrollador se encontraba trabado. El viento había aumentado a más de veinte nudos y el *genoa* completo era demasiado trapo para la condición reinante.

Iluminado por la luna en cuarto creciente, Iñaki se calzo el arnés de seguridad y se fue a la proa para ver que pasaba. Desde atrás podía ver como se agarraba fuertemente del casco para que no lo despidiera el movimiento constante de las olas que agitaban la proa de arriba abajo. Pudo destrabar el cabo del enrollador y pudimos entonces guardar el *genoa* entero por consejo de mi hermano. Había un tramo del cabo que permite enrollar que estaba a punto de cortarse. Antes de que mi hermano se fuera a descansar a la litera me puse el arnés yo para ir a evaluar la situación. Definitivamente deberíamos reemplazar el cabo, pero lo haríamos recién con la llegada de la luz diurna. Decidí ponerle un seguro adicional al cabo del enrollador, por si efectivamente se cortaba el cabo, para evitar que se desenrollara la vela entera en esos veinticinco nudos del noreste. Ya que estaba levantado le sugerí a mi hermano que se fuera a descansar algunas horas.

Me quede en la soledad de la madrugada contemplando la inmensidad del cosmos y en como las decisiones de los hombres afectan una esfera tan limitada y a la vez tan particularmente accesible. Cada vida es un conjunto de acciones que afectan esa vida y la de aquellos alrededor, mientras el resto del planeta sigue su curso y toma sus cursos de acción sin aparente referencia a los actos ajenos. Nuestro planeta, del mismo modo se mueve sin afectar en nada al resto del inmenso y desconocido cosmos al cual miramos a través de nuestra enorme ventana nocturna.

Al amanecer seguía soplando duro pero durante esa noche no habíamos avanzado tanto como en las noches anteriores. Habíamos descubierto que a la altura de *Suriname* existe una corriente que nos juega en contra y probablemente nos reste media milla a cada hora. Mientras miro la carta y leo Paramaribo, me parece increíble haber estado tan cerca de estos "*paisitos*" que mi hermano y yo observábamos con curiosidad y hasta extraño respeto (por lo raros y por lo pequeños) en el mapa que colgaba de la pared de nuestro cuarto en *Uspallata 780*.

Estábamos pasando cerca de esas capitales extrañas que nos gustaba observar en el mapa grande de la pared y me doy cuenta de algo particular: la navegación a vela no será veloz, pero nos provee de una visión distinta del espacio que habitamos. Es comparable a la experiencia de caminar en una ciudad. La velocidad más lenta nos deja apreciar y contemplar de un modo que el automóvil o el avión nunca lo permitirán. Me acuerdo del cuento de Borges en el cual el mapa creado en escala uno a uno con la región representada era el mejor mapa posible pero a su vez era un mapa imposible de leer.

Al medio día mi hermano descubrió unos filetes de dorada que habían quedado escondidos en la heladera. Los hizo fritos con una tortilla de papas, que a pesar de su buena voluntad se pego toda a la sartén. Luego del almuerzo reemplazamos el cabo del enrollador, pero mantuvimos el *genoa* enrollado dado que el viento era demasiado para utilizar la vela de proa. El **Tremebunda** avanzaba bien con la trinquetilla y las dos mayores. En esta etapa las reparaciones necesarias eran una alteración a la rutina que, no solo venían bien para evitar el aburrimiento, sino que además se hacían indispensables para poder continuar navegando a buen ritmo.

Se suponía que mi padre se acercaría al barco de un conocido en *Key Biscayne* que tenía una radio de onda corta a bordo para poder hablar directamente con nosotros sin hacer el puente con *Zárate*. Intentamos a las siete en la frecuencia acordada pero no hubo caso: no escuchábamos nada. Era probable que las condiciones atmosféricas no fueran las adecuadas, dado que al día siguiente nos enteramos que si estuvo intentando comunicarse con nosotros. Nuestra comunicación no sería tan efectiva como la de los celulares de hoy en día, pero sin duda era más romántica y menos costosa.

Día 67: Cosiendo velas

Durante la noche los alisios habían soplado bastante duro. Se notaba en los golpes que la **Treme** pegaba contra las olas y además, en el ruido que el agua hacía contra el casco cuando los demás estaban de guardia y a uno le tocaba el descanso.

Me desperté temprano y le cebé unos amargos a Eduardo. Al rato apareció mi hermano luego de unas cortas horas de sueño. Fue él quien miro hacia arriba y notó la rifadura en la mayor. Los aparejos de goleta (como el que lleva el **Tremebunda**) denominan mayor a la vela de popa y trinqueta a la vela del palo de proa. Es complicado recordarlo y casi siempre se confunden las denominaciones durante la navegación, pero para ser bien claros: la vela de atrás tenía un rotura considerable cerca del tope. Habría que bajar la vela para coserla a mano y así evitar que se destrozara y quedara inutilizable.

Mientras nos preparábamos para bajarla, reconocimos que el viento y la fatiga de tantos días sin descanso también estaban haciéndose sentir en la vela de proa. Sería un día de reparaciones por partida doble. Bajamos primero la vela de atrás y mientras la sacábamos del palo mi hermano preparaba su ritual desayuno.

Era el turno de las galletas de miel brasileñas que acompañarían al clásico café con leche sin azúcar (pero con miel). Las galletas eran más desabridas de lo que aparentaban por su nombre, lo cual fue una pequeña gran decepción en medio del océano, en el cual cada detalle cuenta. Pasada la hora del desayuno no nos quedo otra que comenzar con la labor de costura. Eduardo e Iñaki atacaron la tarea mientras yo registraba las puntadas iniciales con la cámara de rollo que llevábamos a bordo.

Hace una década las cámaras digitales aún no habían invadido el mercado y el rollo era todavía la opción más a mano a la hora del registro pictográfico. Además de reparar la rifadura del tope, que era la que mayor atención requería, aprovechamos para reforzar varias costuras intermedias que se veía estaban a punto de descoserse. Para el mediodía la labor estaba casi completa. El viento había bajado tanto que decidimos abrir el *genoa* completo y para alegría del trío de tripulantes, se desplegó sin menores problemas. La reparación del enrollador había sido un éxito.

Con el correr de las millas nos estábamos haciendo buenos en esto de reparar y seguir. El examen del día era era de costura. Esperábamos pasarlo, pero recién después del almuerzo. No era cuestión de saltearse algún ritual así como así. Sinceramente, comenzamos a notar que el panorama gastronómico se veía bastante gris (frase de la bitácora de Iñaki que creo pinta adecuadamente la situación). En la opinión de Iñaki, sería necesario pescar algo sino queríamos pasar los últimos días a puro arroz y fideos.

Fuera como muestra o como incentivo para la pesca, el almuerzo constó de galletitas de agua con *paté* y requeijão, un queso brasileño que sabía a manjar (considerando la desesperante situación alimenticia). Por la tarde nos dedicamos a reparar la trinqueta (esto es, la vela de proa). La bajamos y sin sacarla del palo nos decidimos a coser y coser hasta darle refuerzo a todas las costuras en duda que pudimos encontrar.   A media tarde ya pudimos, con una sonrisa entre labios, considerarnos felices de tener velas para poder proseguir adelante.

Lo ví a mi hermano en la cucheta de proa leyendo a Cortázar. Pensé, que bien, ya termino el libro de Allende y podré empezarlo yo. Hablamos brevemente con Zárate a través de la radio y Lastiri nos pregunto, haciendo de interlocutor de mi padre, en que fecha estimábamos llegar a Barbados. Mi hermano se la pasaba haciendo cálculos para ver si llegaría al vuelo del domingo 16. La verdad es que iba a estar muy ajustado el cronograma. Tras la radio me decidí a retomar la labor de cocinero que había abandonado en el Brasil. Mientras preparaba uno de mis clásicos arroces con choclo mi hermano dormía una tardía y merecida siesta, tras una jornada de ardua labor costurera.

A las nueve y media lo despertamos para que cenara mi elaborado plato. Su bitácora califica a la cena de un tanto pobre, pero yo opino que de seguro brindo satisfacción a los apetitos voraces que le tocaba alimentar. Iñaki se volvió al sueño y yo me hice cargo de la primera guardia.

En la oscuridad de las aguas de Guyana empecé a detectar luces en el horizonte. El radar llego a mi ayuda para verificar de que tipo de embarcación se trataba. No era grande, así que podía tratarse de pesqueros o los amigos de la bandera negra y la calavera blanca. Pero de seguro eran pescadores. Casi seguro. Con cada milla de acercamiento esta seguridad se iba diluyendo y el temor se iba incrementando. Estábamos a casi doscientas millas de la costa, y mi mente no podía evitar pensar en que estaría haciendo esta nave tan chica acercándose a nosotros. Iñaki se levanto y me encontró observando el radar.

- *Están a tres millas* -, le dije.

Decidimos apagar todas las luces para no develar nuestra posición. Así y todo la luna iluminaba tanto, que nos parecía que tal vez si podrían vernos. Al cabo de una media hora pudimos determinar que el barco fantasma iba en otra dirección y que no vendría a nuestro encuentro. Un alivio para nuestra paranoia de navegantes sugestionados.

En el mar no hay ley y quien diga que si la hay, no ha estado en el mar, nunca. Ya me estaba aprontando para ir a dormir cuando sentí el ruido de algo rompiéndose en el palo de proa. El proceso de reparaciones nunca acababa porque los elementos estaban comenzando a sentir la fatiga de los tantos días de constante tensión. Era solo un grillete que se había partido. Estos grilletes jamás se parten en una navegación costera, aún haciendo un cruce del Río de la Plata con cincuenta nudos, no se parten. Pero cuando uno los exige durante dos meses y luego inicia una navegación sin escalas que lleva ocho días, todo empieza a resentirse y ceder.

Tras una breve excursión a la proa cambie el grillete y el *vang* recupero su función de impedir que la botavara se fuera para arriba. Ya de regreso estaba listo para irme a la cama. Entonces recibimos con sorpresa al segundo visitante alado de la travesía. Un pájaro negro aterrizo sobre nuestra chubasquera y la utilizó de puerto mientras sus alas descansaban de un largo viaje. Su postura de descanso me dio sueño y lo deje a mi hermano a cargo de la guardia de la mitad de la noche.

Día 68: Arranque

Navegar durante tantos días sin ver tierra lo cambia a uno. La rutina sobrepasa a lo rutinario. El enfoque diario de la vida propia va cambiando y uno empieza a contemplar que cosas son las que a uno le parecen verdaderamente importantes.

Estando en medio del agua agitada por el viento uno se da cuenta de que llegar es importante, pero también reconoce que no se puede llegar sin transitar la ruta. Una ruta nueva y no planeada, que siempre difiere de la ruta en el papel (o en la pantalla). No hay forma de adquirir lo que se aprende con la experiencia y el viaje fue primordialmente eso: una experiencia. Hoy me acuerdo muchas veces de las millas recorridas, no tanto porque recuerde cada ola o cada encuentro con un ser entrañable, sino porque recuerdo la sensación de recorrer el camino como una necesidad de dar arribo a un puerto incierto en el que me esperaba la vida que hoy vivo.

Iñaki se levanto con la espalda un poco dolorida. Todavía le faltaban horas de litera para acostumbrarse a dormir a bordo. Lo primero que hizo fue preguntar por el pájaro negro, que se había retirado sin llegar a ser bautizado. La chubasquera fue rebautizada como el *"gaviopuerto"*, nombre que nos pareció simpático por el momento.

Con esas pequeñeces del lenguaje y del cosmos nos entreteníamos todo el día. Era ver la posición, estimar cuanto habíamos avanzado, hablar sobre cuestiones sobre las que no he vuelto a hablar con nadie y de vuelta fijarnos cuanto faltaba, como un chico al que lo llevan en auto hasta la casa de un tío que vive lejos.

El café con leche (y sin azúcar) se acompaño de galletitas *"María"* que mi hermano había traído en la maleta. Este opíparo desayuno nos debía durar hasta la tarde. Las velas estaban todas arriba dado que el viento no pasaba de los quince nudos. Poco después de las dos y media la calma de la rutina del mar debió agotarse.

Intentamos darle arranque al Volvo varias veces sin éxito. Hubo que apelar al truco de la descompresión, que es un truco que quien haya tenido un Volvo y problemas con las baterías, sabe practicar como último recurso. La idea es que uno deja girar al motor libre y cuando baja una palanquita (que era de color verde en nuestro motor va sumando uno a uno los pistones hasta que el motor (con suerte) arranca. La suerte la tuvimos y arrancó, pero nos quedamos preocupados por la dificultad que este arranque había significado.

Decidimos dejar el motor encendió por un par de horas para cargar cada batería al cien por ciento. De seguro esto nos ayudaría más adelante en el próximo intento de arranque. Mientras íbamos a motor y a vela nos visitaron los primeros delfines de la travesía. Llegaron desde estribor a jugar con nuestra proa. Fueron solo unos segundo los que duro la visita pero los tres pudimos ver en su salto el resto de un juego infantil que tenía mucho de la seriedad que se requiere para sobrevivir en el mar. El salto del delfín es la descarga para entender que no hay que tomarse todo tan en serio, que el mar es suficientemente difícil como para desaprovechar la oportunidad de ir a saltar en la proa de un velero al que solo verán una vez pasar por allí.

Durante la hora de la radio escuchamos un rato el pronóstico que Rafael le dictaba a distantes navegantes que encontraban, en general, condiciones más adversas que las nuestras. A las ocho y media nos contacto Julio de Campana (que en la radio se hacia llamar *July Golf*, tal como hacen los radioaficionados) y decidimos encender el motor nuevamente para no consumir las baterías que habíamos recargado tan bien por la tarde. Tal como le había dicho el albañil brasileño al amigo Lastiri en los ochenta, infelizmente no dio.

El motor no quiso arrancar y debimos comenzar la charla con Campana que nos haría el puente con mis padres. Mi padre nos dijo que tenía en mente unirse al **Tremebunda** en su etapa final y que le parecía adecuado encontrarnos en Puerto Plata. Para nosotros todavía faltaba mucho para Puerto Plata, pero nosotros estábamos viviendo en el calendario marino y mi padre en el calendario que todos los días se usa en las oficinas. Le dijimos que si, que Puerto Plata estaba bien y que a fin de Marzo deberíamos estar allá de seguro. Luego Edu pudo saludar a sus padres que se quedaban más tranquilos luego de sus charlas con *"el nene"*.

La gastronomía definitivamente estaba desmejorando considerablemente y no era por falta de ganas del chef oficial (mi hermano), sino más bien por una falta de recursos alimenticios. Realmente no habíamos calculado tan bien la variedad de comidas, pero igual no íbamos a morirnos de hambre. El menú que nos tocaba era (otra vez) arroz con atún enlatado. Me acorde de la infinidad de veces que habría comido arroz en mi departamento de estudiante en Vicente López. Además me acorde de mis charlas con mi amigo Esteban, con el que cotejábamos la infinidad de variantes en las que se podía preparar el arroz. El era de la opinión (no se si aún la mantiene) de que si le tocara elegir una comida para cocinar por el resto de sus días, sin duda elegía el arroz. Yo tenía, y aún tengo, mis dudas al respecto, pero de todos modos sigo pensando que el arroz sea tal vez la comida más noble que haya, y la que mejor puedo cocinar.

Antes de acostarnos nuestra testarudez nos pidió que volviéramos a intentar encender el Volvo, pero el intento solo nos sirvió para darnos cuenta de que el motor no iba a arrancar. Lo dejaríamos descansar, como si se tratara de un niño enfermo, con la esperanza de que al día siguiente se sintiera mejor y diera arranque. Pero aún en nuestra cuasi infantil ilusión nos dábamos cuenta de que eso no iba a suceder.

La incertidumbre no era si íbamos a llegar, sino como y cuando. Cual ruta nos quedaba recorrer, cual problema solucionar y cual pensamiento masticar en la soledad de la guardia de la madrugada.

Día 69: Sin motor

Me quedé solo de guardia desde la medianoche hasta el amanecer. En cierto sentido era volver a sostener la guardia larga para dejar descansar a la dupla de oro que me acompañaba en este trayecto tan largo. Al amanecer se levanto mi hermano y comenzó a hacerme compañía. Al rato Edu llego al *cockpit* con mate amargo y una sonrisa que indicaba su felicidad por el descanso de la noche. Era mi turno del descanso.

Mi hermano siguió leyendo a Cortázar mientras Edu comenzaba a desarmar el motor con ánimos de reanimarlo. Debió abrir la caja de cambios, dado que el engranaje se había trabado. También le hizo un cambio de filtro de combustible y comenzó la purga para el eliminar el aire que se acumula en las mangueras del diesel al hacer este cambio. Luego de innumerables intentos nos dejamos vencer por el Volvo. El motor no quería arrancar y era mejor admitir la derrota que seguir luchando mientras agotábamos nuestra reserva de baterías.

Eduardo nos comunicó que no íbamos a tener motor hasta llegar a Barbados, lo cual alargaba el tiempo restante hasta la llegada a puerto y además nos limitaba la recarga de baterías y a su vez significaba el fin del frío en la heladera, que se generaba con el giro del motor. Por suerte, ante esta mala noticia, el día se presentó como un optimo.

Avanzábamos a seis nudos con nuestra proa apuntando a una isla que aún no podíamos divisar por encontrarse a más de doscientas millas. Cuando me levanté, mi hermano intentaba (inútilmente) pescar algo para que nuestro almuerzo fuera más variado que el de los días anteriores. La cruda realidad del pescador sin suerte nos devolvió a nuestro limitado menú: galletas brasileñas tostadas (para quitarles la humedad omnipresente), picadillo de carne (símil *paté*, pero más berreta), aceitunas y berenjenas en escabeche que venían con nosotros desde Buenos Aires por gentileza de la madre de Edu.

Terminado el almuerzo mi hermano comenzó con una competencia que podría reconocer como típica de él. Quería apretar los carozos de las aceitunas desde su puesto en la entrada al *cockpit* para lograr hacerlos volar acertando a la pala de madera del timón de viento. Esto nos entretuvo durante una media hora y nos turnamos intentando golpear la pala hasta que se acabaron los carozos. Resultado final : Empate (Edu 1 – Iñaki 1).

En cierto modo este tipo de competencias me remontaron a los ochenta, época en la cual nos la pasábamos inventando competencias para el desarrollo de habilidades inútiles tales como la carrera de naranjas en la barranca, rotura de botellas de un piedrazo y varias más que hoy no recuerdo. Por la tarde se tomo mate de nuevo y esta vez se acompaño de una gran cantidad de *pipocas* (*pochoclo* o palomitas de maíz).

Ni bien mi hermano observo la cantidad de palomitas sin hacer que se veían en el fondo de la fuente, la competencia se reanudo y esta vez se hizo feroz. Durante una media hora estuvimos mi hermano y yo cabeza a cabeza, apretando el maíz que no había llegado a palomita. Cuando se acabaron los proyectiles, el resultado final leía *Iñaki 8, Gerva 6* y *Eduardo* solo *2*. Mientras mi hermano celebraba su victoria, el maíz se sumergía rumbo al fondo que se encontraba a tres mil metros para abajo.

Durante la hora de la radio recibimos noticias de mi padre que le había conseguido una entrevista a Eduardo en la embajada americana en Barbados. Allí deberíamos llegar en tres días para intentar conseguir la visa de turismo de mi compañero de aventuras.

Durante la cena mi hermano nos deleito con una tortilla confeccionada con las últimas dos papas que nos quedaban. El sabor denotaba el avanzado estado de preputrefacción de los tubérculos. Para acompañar la tortilla, Iñaki hizo un revuelto de arvejas que fue muy apreciado por Eduardo y por mi. Al finalizar la cena, observe a mi hermano haciendo más cálculos. De seguro no íbamos a llegar para su vuelo del día 16.

Día 70: Cerca del Caribe

Hoy Miami se prepara para el *Ultra Music Festival*, el festival de música electrónica más grande del mundo (o al menos eso dicen los organizadores). Me pongo a pensar en las diferencias entre la navegación de hace una década y el festival al que me invitaron a asistir hoy.

Hace una década la noche era oscuridad y silencio. Hoy miles de watts lumínicos y sonoros van a envolverme. Hace una década no tenía celular. Tampoco tenía hijos ni esposa. Hace una década tenía ilusiones. Hoy soy feliz.

Durante la madrugada volvimos a ver luces de embarcaciones menores que monitoreabamos en el radar. Nos faltaban unas veinticuatro horas para llegar a Barbados y pretendíamos arribar sin ningún altercado, así que parte de la noche la pasamos sin luces para ahorrar baterías y disminuir la probabilidad de encuentros con algún malandrín. Yo me hice cargo de la guardia como a las cuatro y le dije a mi hermano que fuera a descansar.

Con la llegada del amanecer el viento comenzó a aumentar y consecuentemente la velocidad de nave también. Navegábamos a más de siete nudos cuando se levanto Edu a reemplazarme. Los dos nos miramos como diciendo, estamos ya cerca del caribe, que increíble. Durante mi descanso mi hermano y Edu notaron un ruido raro en el aparejo de reducción del timón de viento. El desayuno de café amargo con las últimas galletas secas se los interrumpió la rotura de una *pasteca* del timón. Tuvieron que llevar el barco a mano durante un buen rato. Eduardo *"McGyver"* se las ingenio para reparar la pasteca y el timón de viento volvió a su indispensable función de llevar el rumbo recto antes del mediodía.

Al levantarme vi a mi hermano durmiendo una siesta. Esto era lo bueno de ser tres: siempre había uno con quien conversar y otro al que se lo dejaba descansar. A la una Iñaki se levanto para cocinar su último almuerzo a bordo: fideos con tuco, no estaba mal. Cuando terminamos el almuerzo y limpiamos los platos ya eran casi las tres. Ya faltaba menos. Esa tarde transcurrió con lentitud. El lento avance se sumaba a la ansiedad de llegar.

Nos distrajimos por un rato con el último torneo oficial de tiro de *pipoca* al blanco. Luego de dos partidos mi hermano se corono como el "campeón mundial de tiro de *pipoca* al blanco a bordo". Un titulo importante que aún conserva en su recuerdo. Tras los mates hablamos con Zárate y Lastiri nos paso los datos necesarios para contactar al Service de Volvo en Barbados. También a través de su conexión a internet le facilito a mi hermano los horarios de otros vuelos de Barbados a Miami dado que ya teníamos confirmado que íbamos a arribar a la hora en que el debía estar subiéndose al avión.

Se hizo de noche y la ansiedad iba en aumento. A cada instante nos parecía ver luces a lo lejos, pero el GPS nos decía que aún faltaban bastantes millas como para poder avistar la costa de Barbados. La última cena a cargo de mi hermano fue sopa de entrada y de plato principal dos variantes del arroz con frijoles: a la cubana (tipo arroz moro) y a la brasileña (tipo *feijoada*).

Antes de la medianoche sucedió el evento que precede a la emoción de todo arribo: las luces en el horizonte dejaban ver la silueta curva de Barbados. Estábamos a quince millas, pero a causa del lento avance nos tomaría aún varias horas llegar hasta la isla en la que aún vivía *Rihanna*.

Día 71: Barbados

Las últimas horas se hicieron eternas. Hasta las dos y media veníamos avanzando muy bien dado que los alisios de intensidad intermedia seguían inflando las velas. Ahora bien, cuanto más nos acercábamos a la isla, más bajaba la temperatura y menos viento había. Era como si los alisios quisieran que disfrutáramos del contorno de la costa, para no olvidárnosla nunca jamás.

Estábamos como a una milla y media de la costa pero faltarían recorrer ocho millas hasta donde creíamos que se encontraba el puerto. Este tramo hubiera tomado una hora y media en condiciones normales de temperatura, viento y presión, pero ya tan cerca de la isla los alisios estaban tapados por la masa de tierra.

Durante un largo rato navegamos a tres nudos (que es la

mitad de la velocidad normal) y, tras pasar la punta desde la que comenzaríamos a ver Bridgetown más claramente, la calma se hizo casi total.

Avanzábamos a una milla y media por hora. La paciencia una vez más debía aflorar. No nos quedaba otra que agradecer el leve viento y ver como y adonde llegábamos. Dado que no teníamos datos o cartas detalladas de Barbados, no teníamos la más mínima idea de donde debíamos amarrar. Para peor la luna ya se había ocultado y no veíamos ninguna entrada a un puerto. Ni siquiera sabíamos si había un puerto para embarcaciones deportivas o si podríamos entrar sin tener la ayuda del motor. Entonces se nos ocurrió la idea de usar los binoculares para ver si descubríamos algo.

La luz era muy tenue pero alcanzamos a divisar unos veleros fondeados cerca de la costa. Ese sería nuestro destino. No había otra que comenzaran a avanzar tirando bordes a un nudo y medio. Más paciencia y muchos bordes nos fueron arrimando a la costa. La emoción de los tres era bastante grande. Habíamos recorrido 1650 millas sin parar desde Brasil y la llegada estaba casi al alcance de la mano.

Como a las seis, y aún en plena oscuridad pudimos empezar a ver claramente algunos veleros fondeados y otros amarrados a una boyas. Nos acercamos lo más posible a la costa y cuando pasamos cerca de una boya naranja no lo dudamos. Ese sería nuestro lugar de arribo. Misión cumplida estábamos en Barbados.

A pesar de la emoción, el cansancio pudo más y nos fuimos a dormir un rato cuando desde el este se comenzaba a notar la claridad del día que se avecinaba. Ya no habría guardias, era el turno de los tres de descansar tras haber superado el tramo más largo de nuestra travesía. La sensación de orgullo nos acuno en la paz de la Bahía de Bridgetown.

Antes de las diez mi hermano nos levanto a Eduardo y a mi con la intención de bajar a hacer los trámites de inmigración. Su vuelo había salido temprano y en esos momentos se hallaría sobre el mar Caribe. Con los documentos en la mano los tres nos subimos al bote de goma que había viajado hasta aquí sobre la cubierta de la **Treme**.

Antes de llegar al muelle se nos acerco un moreno en *Jet Ski*. Lo paramos para preguntarle si el barco allí estaba bien y además como se hacía para tramitar la llegada al país. De la entrada al país no tenía ni idea, pero de nuestro lugar de amarre si tenía consejo. La boya de la que nos habíamos amarrado estaba en realidad señalizando un barco hundido. Como la marea estaba alta no lo habíamos golpeado con nuestra quilla, pero si lo dejábamos allí , no solo nos podían multar, sino que además corríamos el riesgo de pegarle al barco hundido cuando bajaran las aguas.

Me subí al *Jet Ski* del moreno que se presento como *Roger*. Este agradable personaje local se ofreció a ayudarme a mover el barco tras escuchar que no teníamos motor para movernos. En dos minutos salte sobre cubierta y Roger me remolco unos cuarenta metros hasta una boya blanca debajo de la cual no había más de 8 metros de cristalina agua y arena.

Le agradecí a Roger mientras me dejaba en el muelle del *Boatyard*, el bar de playa que nos vería seguido mientras durara nuestra estadía. Nadie allí sabía como hacer los tramites de inmigración pero nos indicaron donde quedaba la oficina del guardacostas. Por primera vez estábamos caminando más de diez pasos seguidos y sin duda se sentía extraño volver a caminar tras tantos días de estar en una constante manutención del equilibrio. Los oficiales de turno del guardacostas nos recibieron con una mirada extrañada como si nunca hubiera llegado un grupo de navegantes caminando a esa dependencia. Acto seguido nos explicaron que no deberíamos haber bajado del barco y debíamos volver por el camino que habíamos venido para volver a subirnos al **Tremebunda** y desde allí llamarlos a ellos por radio. No tenía mucho sentido pero así era. Por radio nos darían autorización para llegar navegando hasta la aduana y hacer las inspecciones correspondientes.

Sin darles ninguna explicación sobre lo complicado que venía nuestro caso con la falta del motor, decidimos despedirnos agradeciéndoles su inútil información. Se nos ocurrió que lo mejor sería ir caminando a la aduana y allí explicar el caso con mayor detalle. Luego de caminar como veinticinco cuadras por todas las calles aledañas al puerto comercial, logramos encontrar la oficina de aduanas, inmigración y sanidad, las cuales se encontraban pegadas una a la otra y estaban siempre ocupadas con la llegada de los cruceros.

Por suerte llegamos a una hora en la que no había cruceros llegando. Sin problemas nos dieron entrada a Eduardo y a mi pero, (siempre hay un pero) no podrían darle entrada al país a mi hermano sin un pasaje de avión que demostrara su plan de salida.

El pasaje de avión (que en esa época aún era de papel) estaba cómodamente descansando dentro de la mochila de mi hermano, a bordo del **Tremebunda**. Le explicamos que igual el pasaje que estaba en la mochila era para el vuelo que había perdido. Entonces sugirió que fuéramos al barco y de allí al aeropuerto a cambiar el pasaje y recién entonces volviéramos a Aduana para dar la salida.

Iñaki intento convencerlo de que serias más sencillo y menos problemático si le daba la salida allí mismo pero el oficial le contesto: *"That is not my problem"*, con un tono nada simpático.

En el camino de regreso al barco a mi hermano se le ocurrió llamar a American Airlines desde una cabina de teléfonos y hacer el cambio por teléfono. Al finalizar la charla le dieron un numero de confirmación de la reserva y un asiento en el vuelo más temprano hacia Miami de la mañana siguiente. Regresamos caminando al barco y mi hermano, con el ticket de avión en la mano se fue de vuelta para inmigración. Lo atendió una mujer muy amable que sin hacer muchas preguntas y viendo el pasaje de avión le dio la entrada al país.

Como a las cuatro de la tarde ya estaba de vuelta y ni bien subimos al barco se calzo el traje baño y aprovecho para darse un chapuzón en las cristalinas aguas de Barbados. Luego bajamos a caminar por la playa y llegamos hasta el Yacht Club que se encontraba como a ocho cuadras del *Boatyard*, hacia el este. Queríamos cenar, pero los platos en el Yatch Club no bajaban de los cuarenta dólares. Volvimos por la playa mirando donde cenar pero para sorpresa nuestra estaba todo cerrado por ser domingo. Sabíamos que habría comida en el Boatyard pero la verdad es que buscábamos comer algo más típico. Recorrimos algunas calles cercanas sin mucha suerte. Lo típico sería lo disponible y lo único que vimos abierto era un *KFC* y *Cheffette* (que es como KFC pero local). La opción fue entrar al *Cheffette* y ordenar las tres hamburguesas más deseadas del local. Hacía mucho que no comíamos carne y la proteína nos vendría bien.

Ya de vuelta en la **Treme** y con el estomago satisfecho pensamos que lo adecuado era darle el turno a la necesitada ducha. Nos bajamos mi hermano y yo con nuestro bolsito de vestuario al hombro. Para sorpresa nuestra en el *Boatyard* estaba comenzando una fiesta para la cual cobraban diez dólares de entrada. Pero nosotros no queríamos ir a la fiesta (en realidad si queríamos), más teníamos necesidad de bañarnos (mucha necesidad para ser más claros). Hablamos con los de seguridad y nada: su trabajo era impedir que individuos como nosotros se colaran a la fiesta del Boatyard. Al rato llamaron a otro superior con pinta de dueño, el cual viéndonos (y oliéndonos) se apiado de nuestra situación sacando dos brazaletes que nos darían acceso a las duchas (y a la fiesta).

Lo curioso fue empezar a desnudarse en un baño al cual llegaban los bailarines con sus tragos en la mano. El agua estaba fría, pero no nos importo. Era agua y nos hacía falta en cantidad. Glorioso momento el de la ducha, aún cuando fuera compartido con los sorprendidos comensales de la fiesta.

Afuera la música agitaba los cuerpos de los locales que tenían una forma de danzar muy *cachonda*. Las chicas frotaban la parte más sensible de los muchachos, que no demostraban mayor felicidad, y compartían a las bailarinas como quien comparte una pelota durante un partido de futbol. Nos tomamos un par de cervezas y al fin pudimos brindar por nuestro arribo al Caribe.

Día 72: La embajada

La alarma sonó por primera vez en 72 días. Era la misma que yo había usado para ir a la Universidad de Buenos Aires, cuando me tocaba asistir a las clases de las 7 AM. El reloj despertador marcada las seis, pero pronto nos dimos cuenta de que en verdad eran las cinco. Algo de nuestra conexión eléctrica había hecho andar el reloj más rápido y por ende el despertador sonó una hora antes.

Mi hermano se levantó de todas formas y comenzó con su ritual del café sin azúcar. Mientras alistaba sus bolsos la cubierta se mojaba con una lluvia pasajera que nos hizo cotejar la posibilidad de volver a humedecernos en la remada hasta el muelle. Por suerte esa lluvia paro pronto y a las seis mi hermano y yo nos subimos al bote inflable con sus bolsos listos para la partida. Aún era de noche, y la calma de la bahía era total.

Remé los ochenta metros que nos separaban del muelle del Boatyard. Atamos el bote y bajamos los bolsos. Atravesamos la pista de baile en la que no quedaban rastros de la fiesta de la noche anterior. Evidentemente habían limpiado. Fuimos hasta la calle esperando encontrar algún taxi. No tardamos mucho en ver uno y pararlo. El abrazo de agradecimiento y emoción no duro demasiado. Al fin y al cabo nos volveríamos a ver pronto en la ciudad en la que iba a quedarme. No era un adiós, era un hasta luego hermano.

Me volví sonriendo hasta el bote. Reme los ochenta metros de regreso al barco y comencé a calentar agua para unos mates. Hoy era el día en que nos tocaría ir a la embajada americana para volver a solicitar la visa de turista de Eduardo. En Buenos Aires se la habían negado y desde entonces acarreábamos una rabia inexplicable que se conecta con la injusticia y las limitaciones que nos impone el poder político. De todos modos me quede meditando en que seguramente hoy algún oficial con más sentido común entendería el espíritu deportivo de esta travesía y le daría la posibilidad a Eduardo de llegar conmigo hasta Miami.

Al rato, mientras amanecía Eduardo se asomo desde el camarote. Pregunto por la partida de mi hermano y le dije que todo había salido bien. En esos momentos estaría por abordar su avión hacia Miami. Se llevaba consigo el cuaderno de bitácora que hoy tengo a mi lado como ayuda memoria de la etapa en la que nos acompaño en el 2003.

Eduardo bajo a darse un baño y a prepararse para la entrevista en la embajada. El turno lo teníamos ocho y media, por lo que no había mucho tiempo que perder. A los veinte minutos estaba de vuelta peinado y afeitado. Volvimos a caminar hasta el centro entusiasmados con la idea de revertir el acto injusto cometido por el oficial de la embajada en Buenos Aires. La actividad en Bridgetown se notaba a simple vista.

Era el primer día de la semana y al parecer todo estaba abierto: los negocios, los bancos, los restaurantes y los mercados. Preguntando a los locales logramos descifrar donde quedaba la embajada. El acento del inglés de Barbados me era poco familiar y en cierto modo me era bastante complicado entenderlo. Antes de ocho y media estábamos ya sentados en el hall de espera de la embajada americana en Barbados. Era bien distinto al hall en el que uno aguarda en Buenos Aires. Los ventiladores de techo refrescaban a la gente que aguardaba su turno para obtener el visado que le permitiera ingresar al país desde el que hoy escribo.

Nuestro caso era sencillo: estábamos transportando este velero de Buenos Aires a Miami y Eduardo se regresaría desde allí dos o tres días después de nuestro arribo. El oficial de la embajada en nuestro país había juzgado la historia del velero como algo "extraño" y había decidido sin más, negarle la visa a mi compañero. Dado que habíamos llegado navegando hasta aquí, podíamos probar que el velero no era una historia extraña, sino el modo en el que efectivamente estábamos viajando hasta el país de la embajada.

Aguardamos como media hora hasta que nos atendieron. Cuando nos llamaron lo acompañe a Eduardo para asegurarnos de que el inglés de Barbados no fuera un impedimento para la comunicación. El oficial nos atendió de modo amable y escucho el caso con atención. Sin decir mucho nos pidió que aguardáramos dado que debía consultar algo. Esto a decir verdad nos entusiasmo, como si hubiera abierto una puerta que pudiera conducirnos a la visa.

Cinco minuto más tarde llego con una realidad de embajada que no nos esperábamos: no podría otorgarnos la visa dado que ya había sido negada en otra embajada unos meses antes. Era un procedimiento estándar, por el cual no podían siquiera considerar el caso por haberse negado la visa en Buenos Aires. Intentamos preguntarle que otras opciones teníamos para hacer el reclamo, pero no nos dio ninguna posibilidad. Era imposible que consideraran el caso dado que tenía el antecedente de visa negada. Nos devolvieron los cien dólares del trámite dado que no habían aceptado la solicitud de visa por las condiciones ya explicadas. La desazón de ambos era total.

Salimos de la embajada con las caras largas. A Eduardo no le había sentado muy bien esta segunda negación cuando ambos sabíamos que estaba siendo víctima de la negación sistemática como método de evitar posibles inmigrantes ilegales. Dentro de esta política, se le negaba entrada a mucha gente que en verdad quería venir a conocer o a traer un barco, porque no.

Volvimos caminando hacia el centro de Bridgetown y para distraernos entramos en algunas tiendas. Solo mirábamos para distraernos. Antes de cruzar el Chamberlain Bridge que nos llevaba de vuelta hacia el *Boatyard*, hicimos unas compras en un supermercado que se encontraba al lado del puente. Entre otras cosas, el azúcar que mi hermano tanto extraño estaría de regreso a bordo. Remamos con las bolsas hasta el barco y tras un escueto almuerzo me tire a descansar en una siesta que intentaba recuperar las energías del trayecto de doce días que acabábamos de completar.

Hacia el fin de la tarde nos logramos comunicar con los amigos de Zárate que le transmitirían las novedades de inmigración a mi padre. Eduardo se bajaría en *Republica*

Dominicana y desde allí yo seguiría con mi papá hasta Miami. No era lo planeado, pero había que adaptarse y esta era la solución para completar las dos etapas que nos restaban. Ahora nos quedaría ver quien y como nos repararía el motor que aún se mantenía en silencio desde su entrada en el hemisferio norte.

Día 73: Service de motor

El **Tremebunda** descansaba tranquilamente en las transparentes aguas del *Carlise Bay*. La nave se sentía segura y a gusto amarrada a la boya que nos había facilitado el amigo *Roger*. Al levantarnos vimos como el turismo comenzaba a impactar en la vida de la isla.

Había gente en la playa y *Roger* iba y venía con su *Jet Ski* preparando la lancha para sacar a bucear turistas. Era sin duda una vida placentera la que uno suponía observándolo todo con ojos de forastero recién arribado. Sin querer habíamos parado en un calmo paraíso para el descanso. Los turistas pagaban miles de su bolsillo para llegar hasta la playa que teníamos en frente y si no fuera por el motor que no andaba podríamos habernos considerado los marinos más suertudos del planeta.

El plan del día era bajar a tierra a buscar el service autorizado de Volvo para que enviaran a sus técnicos a reparar el modelo 2003 Turbo con el que veníamos luchando desde Buenos Aires. El motor ya tenía casi dieciocho años de uso, pero sin dudas las horas infinitas que le habíamos hecho desde nuestra partida habían terminado de agotar la poca vida útil que le quedaba. No sabíamos porque no arrancaba, pero teníamos la esperanza de que algún experto de Barbados nos pudiera reparar el motor.

Fuimos hasta un barrio de Barbados que se llama St. Michael. Allí se observaba otra vida distinta a la de la costa. Allí se trabajaba y se sudaba bastante. No había tragos de sabor frutal con sombrillitas asomando. Los engranajes de la isla estaban aquí en el interior, a unas pocas millas de las costas que todos los turistas venían a visitar. Al llegar al lugar que nos había indicado Lastiri sentimos la inmediata satisfacción de ver el logo de nuestra marca de motor en la ventana de afuera. Era algo.

Entramos y vimos todo tipo de maquinarias industriales, mangueras, repuestos y demás. En breve nos atendió un empleado bien amable que tras escuchar nuestro caso nos dijo que sin duda deberían ir a revisarlo. Le explicamos que no teníamos teléfono y que si nos decían cuando vendrían los esperaríamos el muelle del Boatyard. Quedamos en que irían al día siguiente por la mañana. No era una hora especifica pero al menos era una guía. Teníamos experiencia esperando a mecánicos desde nuestra parada en Florianópolis y teníamos la esperanza de que la gente de Barbados conservara algo de la afamada puntualidad inglesa.

Nos fuimos confiando que al día siguiente nuestro problema hallaría solución. Nos tomamos un bus de regreso al centro y allí aprovechamos a observar un poco el mercado de frutos, verduras y pescados que se hallaba en torno a los puentecitos que se encontraban cerca del *National Heroes Square*. Lo que más nos sorprendió (y aquí utilizo de prestado la memoria de Edu que así me pone en un email de hoy) los gigantescos peces voladores que allí se ofrecían. Eran el doble de grandes que aquel inmenso que mi hermano había fritado durante la ruta entre Brasil y el Caribe. Al menos medían unos veinte centímetros y por lo que pudimos averiguar, los locales los comen fritos tal como se habían preparado a bordo de la **Treme** unos días antes. Más adelante nos dimos cuenta de que el pez volador es el "pez nacional" ya que se encuentra en todas las monedas.

La esperanza de poder retomar el viaje pronto se había reavivado. No sería simple reparar el motor pero teníamos fe y la fe mueve montañas (y barcos). De regreso en la **Treme** la cocina volvió a mis manos y tanto Edu como yo comenzamos a extrañar a Iñaki en su inagotable tarea de cocinero de a bordo. Por la tarde saque la guitarra acústica que venía almacenada debajo de alguna cama cucheta. Era mejor esperar tocando guitarra que pensando en la infinidad de soluciones a los pocos problemas que teníamos. Escuchamos la ronda de navegantes de Rafael y notamos que Gaspar, el navegante español solitario, estaba ya cerca de Barbados. Cuando terminó la ronda lo volvimos a contactar para decirle que se fondeara cerca nuestro y de paso invitarlo a compartir alguna cerveza en el Boatyard. Según nos anticipo, de seguro llegaría en un par de días. Le deseamos lo mejor y nos despedimos hasta pronto.

Por la noche y tras la cena, me fui a caminar por la arena blanca. La música ya sonaba en el Boatyard y me acerque para ver lo que sucedía. No había mucha gente, pero los que estaban se la pasaban bien. Era agradable saber que el espíritu positivo de la isla podía mejorar nuestro ánimo a pesar de no tener resuelto nuestro problema técnico. Barbados nos había abierto sus brazos y nosotros no dejábamos de sentir el calor de ese abrazo caribeño que tanto necesitábamos.

Día 74: Los mecánicos Zulú

Amanecimos pensando que ese sería el día en el que volveríamos a escuchar el ruido del Volvo que por tantas horas nos había arrullado durante este viaje. En la conciliación del sueño, el ruido constante de las válvulas gastadas era como un colgante de bebé que nos ponía en sueño REM en cuestión de minutos.

Desde hacía casi una semana que el motor no pasaba de dar algunos giros pero sin dar arranque. Con ansiedad nos manteníamos mirando hacia el muelle del Boatyard sin saber bien como iba a lucir el mecánico que nos mandarían desde el service de St. Michael. Lo esperábamos a la mañana, y a pesar de conocer sobre las relajadas costumbres de puntualidad de los mecánicos en general, teníamos la esperanza de verlo aparecer cerca de las nueve.

Mientras tomábamos mate la espera se vio distraída por el arribo del primer barco pirata que veíamos desde nuestra partida. Se parecía bastante a los que uno ve en las películas de clase B, y tenía un toque que mezclaba lo cursi con los efectos especiales típicos de las zonas turísticas. A bordo sonaba música del Caribe a todo volumen. Nos paso por la popa y se dirigió al muelle del Boatyard al que mirábamos desde las ocho. Pronto decenas de turistas provenientes de algún crucero arribado en la mañana comenzaron a copar la nave pirata. Un tour de piratas blancos que no parecían saber mucho sobre el alta mar, pero que sabían beber como camellos sedientos. Los vimos pasar con cierta pena por nuestra popa como sabiendo que ese tour no era representativo del mar que nos venía alojando desde Enero. De todos modos se lo iban a pasar bien entre margaritas y piñas colada.

Justo al mediodía decidí bajar al Boatyard como para hacer un llamado al service para preguntar por el mecánico. Mientras amarraba el bote de goma y subía al muelle los vi llegar. Eran dos morenos que se parecían a la versión caribeña de El Gordo y el Flaco. El flaco media dos metros y parecía ser el asistente ya que traía una gigantesca caja de herramientas sobre sus hombros. El Gordo no era tan gordo, pero en comparación con el alto flaco que le cargaba las herramientas parecía su antítesis de la serie televisiva. Lo primero que me pregunte era como haría para cargar todos eso kilos en el mínimo bote inflable que nos servía de balsa. Los morenos no se asustaron con la posibilidad del naufragio y tras saludarme bajaron por el muelle hasta encontrarse junto al botecito.

Primero subí yo como para darles una guía y ayudarlos en el abordaje del bote de goma. Acto seguido subió el El Gordo y se coloco en medio del bote. El Flaco le paso las herramientas y el bote se hundió bastante en las cristalinas aguas de Carlisle Bay. Ahora venía la prueba de fuego: la subida de los dos metros de piel y hueso del Flaco. Con la carente sutileza de una jirafa que intenta hacer equilibrio sobre una cuerda floja el Flaco se lanzo abordo sin pensarlo. Entro agua por todas partes. De todos modos el botecito de dos metros y medio de largo se mantuvo a flote, apenas a flote.

Creo que si cargábamos una bolsa de pan, nos hubiéramos ido a pique. Les pedí que se quedaran lo más quietos posible y me hicieron caso. Ellos tampoco querían ir a buscar las herramientas al fondo de la Bahía.

Avanzamos hacia el **Tremebunda** con una tortuguesca lentitud. No solo no quería que entre agua sino que no podía avanzar más rápido. Cinco minuto más tarde el Flaco se subió de un solo paso al *cockpit* del barco. El bote subió diez centímetros y el peligro de hundimiento descendió tanto como mis ganas de remar. Subió la caja de herramientas y el Gordo atrás. Prontamente se lanzaron a hacer los testeos iniciales que nosotros ya habíamos efectuado infinidad de veces.

Se intento dar arranque, se descomprimió, se agregaron uno a uno los cilindros pero nada. El Gordo y El Flaco hablaban entre ellos en un idioma que no lográbamos descifrar. Después me hablaban a mi en el mismo idioma, por lo que supuse que el idioma era el inglés, pero yo seguía sin entenderlos. Cada frase era repetida varias veces hasta que yo creía haber comprendido algo. Siguieron probando y hablando en su idioma secreto. Empezaron a desarmar el motor y nuestra ansiedad seguía en ascenso. La verdad es que a pesar de nuestro optimismo, el Gordo y el Flaco no nos inspiraban confianza. Desarmaron por un rato largo hasta llegar a destapar el motor abriendo la tapa de cilindros. No eran muy expresivos, pero parecían haber descubierto algo. En esa mezcla de zulú con inglés me comunicaron que la junta de la tapa de cilindros estaba dañada.

Sin esa junta el motor no hacia compresión y no iba a

arrancar nunca. También habría que cambiar el aceite dado que se había pasado agua al aceite por este problema de la junta. Eduardo ya sabía lo del aceite pero no lo de la junta. Era esperable. Antes de irse nos dieron la noticia acerca de la espera. La junta de la tapa no estaba disponible en Barbados y la única opción era ordenarla de la fabrica, lo cual demoraría un par de semanas. Para nosotros era inaceptable esperar tanto. Les dijimos que intentaríamos conseguirla en Miami (idea de Edu) a través de mi padre y mandárselas al taller. Les pareció buena idea (creo).

Quedaba aún bajar a los mastodontes hasta el muelle. Tras dejarlos en el Boatyard me volví remando con la desazón del boxeador vencido. Habría que esperar a que mi padre consiguiera el repuesto en Miami, esperando que allí si estuviera disponible. No se en que pasamos la tarde, pero me acuerdo que nos conectamos temprano a la radio tratando de entablar comunicación con Zárate, para que pasaran el pedido de repuestos a mi viejo. A las siete ya habíamos pasado la mala noticia y esperaríamos la respuesta para el día siguiente. Lastiri llamaría a mi padre para que colocara el pedido y nos lo enviara directamente a Barbados.

Antes de acostarme mire el motor abierto tal como lo habían dejado los mecánicos de TV. Era una pena verlo así, pero algo en mi aún quería creer que en unos días volvería a escucharlo rugir.

Día 75: Gaspar

La noche la había pasado soñando que reparábamos el motor con elementos mundanos, como si dijera que poníamos una bolsa de plástico y cerrábamos la tapa que habían abierto los mecánicos zulú y por arte de magia el motor encendía.

El viaje que estábamos haciendo era más grande, en cierto modo, que el transporte de un barco o el desplazamiento de dos personas. Había un componente mágico, algo que se liga a los sueños que uno trae encima por décadas. Este viaje místico estaba amenazado por una fina junta de goma que fabrica Volvo en alguna fabrica terciarizada. Me levanté con la convicción de que no iba a dejar que una pieza de goma trastocara nuestros planes. Con los sueños no se jode, me dije.

Volví a tomar la guitarra y toque un par de escalas de las raras que había aprendí durante mi pasada por el ITMC (una escuela de música a la que había asistido una década atras). Mientras sonaba la escala aumentada vi llegar nuevamente al barco pirata que llegaba al muelle para completar su rutina de asaltar turistas mediante el método de facilitarles el acceso a alcohol barato. La música no era lo suficientemente fuerte como para molestarnos, pero definitivamente chocaba con mi escala aumentada, que a decir verdad no se usa mucho en la música del caribe.

Al rato vimos un velero que se fondeaba como a cien metros delante de nuestra nariz. Desde lejos logramos divisar la gran bandera española que traía flameando . De seguro era Gaspar, con quien habíamos hablado varias veces por radio. Lo dejamos asentarse y descansar. De seguro estaría agotado. Admiraba los cojones de Gaspar al largarse a cruzar el océano en solitario. Más adelante aprendí que teníamos mucho en común y esto transformo mi admiración en aprecio puro. Almorzamos liviano y seguimos esperando a que Gaspar diera señales de vida.

Como a las dos lo vimos sobre cubierta descansando y admirando el agua color turquesa. Era hora de ir a saludarlo. Eduardo y yo nos subimos al bote y comenzamos a remar en contra del viento. A los tres minutos estábamos bien cerca y vimos como *Gaspar Citoler* nos sonreía sentado desde el *cockpit*. Nos presentamos y enseguida nos invito a subir. Hablamos brevemente sobre su viaje y dado que lo vimos cansado le dijimos que pasara más tarde por el barco para tomar algo. No nos acordamos que no teníamos heladera y que las dos cervezas que nos quedaban estaban a temperatura ambiente, es decir, a la temperatura del caribe.

Pasamos la tarde distrayéndonos para no pensar mucho en el motor, pero cada vez que íbamos a la cocina el cuerpo abierto del Volvo nos devolvía a nuestra realidad de nautas sin motor. Como a las 5 vimos un bote que se acercaba a motor. Era Gaspar que venía a recibir nuestra invitación de cerveza caliente. Subió al *cockpit* por la escalerita de popa y le dimos un breve tour de la embarcación. Le pareció interesante la distribución excéntrica de la nave. Le conté que esa rareza se debía al caprichoso diseño de mi padre que intento aprovechar los pies cuadrados del interior del modo que mejor le pareció.

El **Tremebunda** tiene un espíritu propio que proviene de su génesis. Desde el astillero en San Fernando hasta el fondeadero en el que nos hallábamos en Barbados, el barco siempre había tenido para mí un espíritu único y especial . Creo que Gaspar logro reconocerlo en su primer visita al barco. La cerveza se la quedamos debiendo para más tarde en el bar del Boatyard. Me quede pensando en la charla con Gaspar, en ese cruce del océano en solitario que había hecho y en los sueños de millones de personas que nunca llegan a concretarse. Gaspar y yo éramos de los afortunados: estábamos concretando nuestros sueños a una edad relativamente temprana.

Por la noche nos pasó a buscar en su bote con motor (el nuestro era solo a remo) y Eduardo decidió quedarse a bordo. Fuimos el español y yo a romper la noche del Boatyard. Otra vez había que pagar entrada y otra vez conseguimos brazaletes de parte del manager. Empezamos a beber y la charla se puso cada vez más entretenida. A Gaspar también le llamaba la atención el modo de bailar de los locales. Ni el ni yo pudimos siquiera intentar el paso de los morenos, pero ganas no nos faltaban.

Como a las doce de la noche había perdido la cuenta de cuantas cervezas, tragos y vasitos me había tomado. La borrachera era notoria y antes de que cayéramos en medio de la pista decidimos marcharnos. La habíamos pasado bien . Dos hermanos del mar se habían encontrado.

Día 76: La resaca

El día comenzó con dolor de panza, o más específicamente con la vieja y conocida *"resaca"* (a.k.a. guayabo, cruda o *hangover*). Cuando fui hacia el *cockpit* sentía mis ojos cerrados como una puñalada en una lata (frase tomada del oeste bonaerense). Al asomarme pude reconocer la silueta de Eduardo sentado en el *cockpit*. Unos segundos más tarde pude reconocer sus facciones y darme cuenta de que el gesto que tenia en su cara denotaba que no aprobaba del todo mi comportamiento de la noche anterior. Pero había algo más que desaprobación en su mirada, casi diría que había un cierto disgusto en sus ojos que no llegaba a comprender.

Sin siquiera decir una palabra apunto con su índice derecho hacia la cocina. Me di media vuelta y pude ver el motivo de su justificado malestar. La bacha de la cocina era el testigo del alcohol en exceso de la noche anterior.   No recordaba haber lanzado la noche anterior, pero no cabían dudas de que esa materia viscosa me pertenecía. Sin decir palabra me puse a limpiar la cocina hasta dejarla como si nada hubiera pasado. Mi estomago igual aún podía sentir los excesos de la noche anterior. Por adentro pensé: una noche cada tres meses no esta tan mal, pero mantuve ese pensamiento para mí solo, para no reavivar el disgusto de mi compañero.

Una vez limpia la cocina, la cara de Eduardo cambió, pero aún conservaba algo de ese gesto de regaño paternal que tal vez en algunos años me toque practicar con Tobías y Damián. Al mediodía fuimos a tierra para llamar a los del service. Les avisamos que conseguiríamos la pieza en Miami y que se las enviarían directo a su taller. Esperábamos que al comienzo de la semana siguiente la tuvieran allí.

La verdad es que nos estábamos habituando a la vida de esta paradisiaca isla. Cuando uno caminaba por las calles de Bridgetown se sentía invadido por el relax de la gente que crece en el caribe. Allí se trabaja duro, pero se termina temprano. Es una sociedad que tiene admiración por *Bob Marley* y la cultura *Rastafari*, pero sin despegarse de la influencia británica que uno ve en cada esquina. A eso de las tres de la tarde pasó Gaspar por el barco para invitarnos a hacer *kite surfing*. El español se había traído la tabla y el *kite* a bordo de su velero y pensaba ir con su bote a motor para el lado este de la isla en la que seguramente habría suficiente viento. Mi estomago decidió pasar a la invitación, pero Eduardo se subió al bote para acompañarlo y tal vez intentar remontar en ese barrilete humano que tan divertido parece. Pensé que de seguro tras el *kite* se le quitaría la bronca que le había dado mi borrachera. No era para tanto, pero creo que me daba más pena a mí porque era la primera vez que mi compañero se molestaba (y con razón) conmigo.

Cuando estaba atardeciendo prendí la radio y pude comunicarme con Lastiri, quien me confirmó que mi padre estaría mandando la junta de la tapa de cilindros directamente a la dirección del service oficial de Volvo, donde la recibirían los jefes de los zulú. Era un alivio saber que contaríamos con la pieza en un par de días. Ya estaba anocheciendo cuando Gaspar trajo de regreso a Eduardo. Al parecer se habían divertido mucho en su excursión. Gaspar había volado por sobre las olas de Atlántico. Eduardo lo había intentado pero dadas las dimensiones de la vela que habían llevado le faltaban cinco o diez nudos de viento para lograr salir planeando. Igual se veía feliz de haberlo intentado. Quedamos en comer algo y bajar al Boatyard para no perder la costumbre.

No se bien que habré cocinado pero de seguro me esmere en cocinar un buen arroz, que sería la primer comida que probaba en el día. Como a las nueve Gaspar nos avisó por radio que no bajaría al Boatyard dado que prefería descansar. A el también le estaba pegando el exceso de la noche anterior. De todos modos bajamos con Eduardo para ver quienes caían a nuestro bar de recalada. Tomamos un par de cervezas y me acerque al DJ para dejarle una copia del master de mi primer disco *"Little Boy"*. Hasta ese momento casi nadie había escuchado el disco dado que lo había terminado un mes antes de salir hacia Miami en la **Treme**.

Al rato mientras me pedía una segunda cerveza escuche sonar *"Can't Change"* por el impactante sistema de sonido del Boatyard. No voy a olvidarme la sensación de poder escuchar mi producción a tan alto volumen y con graves tan profundos. El perfeccionista sonoro que habita en mí se quedo debatiendo sobre el contenido de graves del master de esa pista. Mientras terminaba de sonar el segundo tema de mi primer álbum logre reconocer el claro acento argentino en dos muchachos jóvenes que se encontraban a solo dos metros nuestro. No tuvimos más opción que acercarnos.

Habíamos visto a algunos morenos que vestían la camiseta

albiceleste en el centro de Bridgetown pero estos muchachos eran lo más cercano a lo argentino que veíamos desde nuestra despedida de Daniel y Pepe en Salvador. Nos dijeron que estaban de visita para jugar un torneo de polo (El *Barbados Open* si mal no recuerdo) que comenzaba al día siguiente. Nos contaron que los había contratado el millonario de la isla, que era dueño de medio Barbados y además del equipo de polo. Por supuesto que dicho millonario jugaba en el equipo.

Lamentablemente no recuerdo el nombre de los muchachos pero si recuerdo su simpatía. Uno era jugador y el otro su *petisero* (el que le cuida, entrena y prepara los caballos). Tras una tercera ronda de cervezas nos invitaron a acercarnos hasta el club de polo a la tarde siguiente. Sin dudarlo aceptamos la invitación. Estábamos de vacaciones por el fin de semana hasta que llegara la pieza desde Miami.

Día 77: Abierto de Polo

La sociedad de Barbados se divide del mismo modo en que se dividen todas: los que tienen y los que no. Era el día que nos tocaba observar de cerca a los que tienen en Barbados. Como el torneo era a la tarde nos dedicamos a descansar en cubierta y sacar algunas fotos para registrar el paraíso en el que nos había dejado el Volvo esperando sus repuestos.

Después del mediodía decidimos iniciar nuestro camino hacia el desconocido mundo del polo. Desde mediados de los ochenta que no tenía un taco de polo cerca. En aquella oportunidad mi gran amigo *Juan Pablo Garat*, me había intentado enseñar como se taqueaba durante una de mis estadías en el campo de su familia. Desde entonces no había vuelto a ver polo más que en las noticias, cuando algún noticiero argentino decidía compartir el deporte de la elite con la mayoría de los que no tienen cable.

En el camino de ida preguntamos en el centro por el club de polo y nos indicaron que debíamos subirnos en un bus con el resto de los que no tienen nada. Como nosotros tampoco teníamos mucho, logramos camuflarnos en el bus que transitaba la ruta que recorría la costa oeste de la isla. Teníamos que bajarnos cerca del afamado club de golf *Sandy Lane*, del cual el millonario del polo también era dueño.

Era curioso ver como una porción tan grande de un país tan pequeño estaba en manos de una sola familia. Esto sucede en muchas naciones pero es más evidente de ver en una nación insular que puede recorrerse en una tarde arriba de un autobús. Serian las dos de la tarde cuando el chofer el bus nos hizo señas de que nos aproximábamos al sector elitista en el que debíamos bajarnos. No teníamos pinta de empleados ni de polistas, por lo que el chofer se habrá quedado pensando que estaríamos haciendo en aquel sector privilegiado de la isla. Tal vez no se pregunto nada y se limito a mirar su reloj para constatar que aún le quedarían dos vueltas a la isla para terminar su jornada laboral del sábado.

Caminamos como un kilometro alejándonos de la costa y los autos de categoría que nos dejaban bajo el polvo nos daban la indicación de que estábamos yendo bien. Vimos las banderas a lo lejos y el ambiente que se tornaba cada vez más exclusivo. Se veían cuatro tipos de personas: los empleados, los espectadores, los polistas y nosotros. Sapo de otro pozo es una expresión que nos calzaba bien para describir esta experiencia. Éramos sapos alegres si se quiere, que salíamos de la humedad del barco para observar a la alta sociedad de Barbados en uno de los eventos más celebrados del año. Alguien nos comento que este era el relanzamiento del Abierto de Polo de la isla y se notaba que le habían invertido esfuerzo, dedicación y sin duda dinero.

Cuanto más nos adentrábamos en el club, más nos sorprendía la escena. Las chicas no se parecían en nada a las que bailaban todas las noches en el Boatyard. Con sus vestidos floreados y sus ojos claros ocultos bajo lentes bien oscuros, ni siquiera notaban nuestra presencia. Fuimos en busca de los argentinos que nos habían invitado y no nos costo tanto encontrarlos. Eran los únicos dos sudamericanos de todo el torneo y en seguida nos dijeron donde se estaban preparando para su partido. Los muchachos nos recibieron con un abrazo provinciano que parecía denotar el reencuentro de antiguos amigos. Ellos también estaban alegres de encontrar compatriotas en una isla en la que se creían los únicos *argentos*.

No quisimos distraerlos mucho dado que a eso habían venido desde las pampas: a jugar. Nos colocamos a un costado de la cancha como si no nos correspondiera subir a los palcos en el que los espectadores de clase apreciarían el deporte y conversarían sobre lo banal de sus vidas. Cada charla, en cada reunión, en cada ciudad se parece un poco en que son las personas reuniéndose e intercambiando frases idiomáticas las que conforman el evento mismo. El evento no son los *chukkers*, ni los goles, ni las jugadas. El evento es la gente que va al evento. El publico no es el que va a ver lo que sucede. El publico es el evento en sí. Nosotros como meros observadores de esta realidad nos estábamos divirtiendo bastante.

Los caballos habían ya comenzado a correr y los polistas a golpear la bocha blanca. Cuando estaban en el otro extremo de la cancha, la bocha blanca se perdía en el tapete verde e impecable sobre el que habrían trabajado durante meses los jardineros de la cancha. El clima acompañaba con una fresca brisa y un sol radiante. El partido comenzó y nuestro compatriota entro a la cancha a reemplazar a otro que tenía cara de jugador adinerado sin mucha idea de polo. La bocha iba y venía y se nos hacia complicado seguir al argentino. Cada tanto nos pasaba cerca y lo reconocíamos, pero enseguida nos distraíamos con alguna chica que pasaba sin mirarnos y se nos volvía a perder.

Pasaron los *chukkers*, se sucedieron los goles y se cambiaron caballos infinidad de veces. Viendo esto me quede dudando de la satisfacción de los animales de jugar un deporte que no habían creado y del cual eran solo títeres. De todos modos algo me dice que en el caballo debe haber algo de disfrute en esos piques a fondo tras la bocha. La tarde fue cayendo y empezaron otros partidos. No se bien que resultados se dieron pero el publico parecía contento. La interacción social seguían en auge y tras probar un par de copas gratis que nos dieron los mozos que pasaban con las clásicas bandejas, sentimos que era hora de volver a la humedad del **Tremebunda**.

Nos despedimos del polista y su petisero. Le agradecimos la

invitación y les deseamos suerte en su regreso. Ellos nos devolvieron el gesto con saludos y abrazos. Nunca más volvimos a verlos pero el polo de Barbados aún se sigue preguntando quienes eran esos dos sujetos de bermudas en su cancha recién estrenada.

Día 78: Speightstown

Nuevamente era domingo y ya estábamos cumpliendo una semana desde nuestra llegada a Barbados. El día anterior lo habíamos pasado muy bien paseando en el torneo de polo al que nos habían invitado. Se nos ocurrió que siendo domingo estaría todo cerrado y la mejor opción sería pasear nuevamente en bus por la isla y conocerla un poco mas.

Nos levantamos sin prisa y al rato vimos a Gaspar que venía en su bote para despedirse. Había decidido levar anclas y cruzar hacia *St. Vincent*. Sin duda un lugar que no íbamos a conocer, pero que merecía la pena visitar. La despedida del español fue rápida y nomas le deseamos suerte. Creo que quedamos en seguir en contacto a través de la radio, hecho que nunca sucedió. Fue la última vez que supe de él, pero no dudo que le habrá ido de puta madre en su viaje. La noción del tiempo es muy distinta en las islas y sobre todo cuando uno habita a bordo de un velero. El calor hizo que nos diéramos un chapuzón. Eduardo calzaba su *zunga* negra y yo una vieja bermuda. Era una día para relajarnos y hacer de cuenta que no teníamos problema alguno.

Después del almuerzo nos bajamos y caminamos hasta el centro desde donde partían todos los buses. Decidimos tomar el que llegase más lejos, como para recorrer la isla entera. Alguien nos dio el numero del autobús que nos podría llevar hasta el extremo norte de la isla recorriéndola por la carretera del oeste (la *Highway 1B*). Sin dudarlo nos subimos al primer colectivito azul y amarillo que nos llevaría de tour por tan solo un par de dólares. Íbamos montados con el pueblo, lo cual hacia de esta experiencia un viaje más simpático y autóctono.

El autobús avanzaba muy lentamente por la carretera deteniéndose en cualquier punto en el que alguien lo parara. Había paradas fijas, pero no siempre eran respetadas por los pasajeros. La ruta nos dejaba ver el mar de a ratos y el paisaje iba cambiando pero sin alterar en nada el clima general de paz dominical que se respiraba.

Luego de una hora pasamos por *Speightstown* y el bus se desvió alejándose del mar. Un rato más tarde pasamos frente a la fabrica de *Mount Gay*, la marca de ron de Barbados, que es el orgullo de la gente local. Allí se bajaron las últimas dos personas que iban en el recorrido. Eduardo y yo no sabíamos bien que hacer pero esperábamos llegar a alguna terminal. Un kilometro más adelante el camino se acabo. No había terminal ni casas cerca. El conductor empezó a pegar la vuelta para regresar por donde habíamos venido. Le preguntamos si hasta aquí llegaba y nos dijo que si, que esto era lo más lejos. Habíamos llegado al fin de Barbados (al menos en lo que a rutas de autobús concierne). Nos volvimos a sentar a nuestros asientos y comenzamos a recorrer el camino de vuelta sin pagar boleto alguno. En cierto modo era un dos por uno que no habíamos anticipado. La verdad es que estábamos un poco cansados de estar sentados en el autobús de colores *xeneises*, así que decidimos que al llegar a *Speightstown* nos bajaríamos para recorrer un poco a pie.

Quince minutos más tarde le agradecimos al chofer por traernos de vuelta y nos bajamos terminal de autobuses de *Speightstown*. Desde allí caminamos un par de cuadras hasta la costa y fuimos observando como al igual que el domingo anterior, cuando caminábamos con mi hermano por Bridgetown, la mayoría de los negocios estaban cerrados. Igual era pintoresco conocer el interior de la isla en un día domingo. Uno veía a los personajes que se podían reconocer como estandartes de cada esquina. Algo me hacia sentir que esas mismas imágenes las hubiéramos encontrado una década antes o mañana por la tarde. Creo que encontramos un kiosco de playa en el que nos tomamos un agua de coco fresca.

El calor en la isla no era agobiante pero el sol pegaba bien fuerte sobre el pavimento del *Esplanade*. Tras el refresco caminamos cinco cuadras y nos sentamos en un banco para ver como el sol caía sobre el mar caribe. Habíamos conocido Barbados. Nos podíamos volver contentos.

Día 79: La Inglesa

Estimábamos que hoy debería llegar la junta que había enviado mi padre desde Miami. Hoy vivo con la computadora, que indica a que horas llega cada ítem ordenado por internet. Hace una década el calculo se hacía a mano, como se hacía la navegación en los setentas y los relojes en el siglo XIX. Se nos había indicado que debía llegar entre lunes y martes. Era lunes y nuestra esperanzas era que los mecánicos zulú aparecieran mágicamente a instalar la junta que ya nos había demorado una semana en esta encantadora isla.

Pasado el mediodía baje al Boatyard para hacer el llamado de averiguación al service. Aún no había llegado, pero en general, me informaron el UPS pasaba a media tarde. Les dije que volvería a llamar ya que nuestra intención era que la instalación se hiciera ese mismo día de ser posible. Volví al barco y cociné alguna comida de las que requerían poco esfuerzo y proveían las mínimas calorías como para seguir adelante.

Hicimos tiempo leyendo y escuchando música. El día era diáfano y la brisa era suave. Sin duda Barbados nos estaba invitando a quedarnos para siempre, pero nosotros sabíamos que teníamos que declinar la oferta para poder seguir adelante con nuestro cometido.

A eso de las dos y media volví al teléfono del Boatyard para insistir con los del service. Buenas noticias: la pieza acababa de llegar. Mi boca seguía hablando mientras la sonrisa se lo permitía. Sentí una sensación de felicidad instantánea e ilógica por la llegada de una paquete de UPS a Barbados. Acto seguido les pregunte cuando podrían llegar los mecánicos para completar la instalación. Malas noticias: no podrían enviar a nadie hoy. Los mecánicos zulú estaban en un trabajo en el que se demorarían el resto de la tarde y no tenían a nadie más para venir a instalar la junta. Mis ilusiones se fueron al piso tan rápido como habían ascendido desde la incertidumbre del primer llamado. Prometieron enviar al gordo y el flaco a la mañana siguiente. No había más que esperar y ejercitar la paciencia una vez más.

Volví al barco para comunicarle la novedad a Eduardo. Se resignó a esperar tal como lo había hecho yo tres minutos antes mientras caminaba por el muelle del Boatyard. No recuerdo bien en que pasamos la tarde, pero recuerdo haberme tirado al sol, haber leído más Cortázar y haber tocado un poco de la Yamaha acústica que me acompañaba desde el '96.

La aceptación de nuestro destino era crucial como elemento para sostener el sueño vivo. Cada día aceptamos lo que nos toca perpetuando la realidad en la que vivimos y creo que esto es lo más mágico de vivir la vida que a cada uno le toca. De algún modo elegimos vivir en el universo que hemos creado y esa elección se repite día a día. El sueño en verdad esta cumplido. Lo que más queremos es vivir el destino que elegimos para nuestras vidas. Cualquier otra ilusión es en verdad una distracción, un oasis imaginario en el que no toleraríamos pasar más de un minuto.

Por la noche invite a Eduardo a bajar al Boatyard, ya que parecía que habría fiesta esa noche también. Eduardo prefirió quedarse hablando por radio y yo preferí ir a ver que sucedía en la costa. La noche del Boatyard se parecía bastante a las anteriores. Había gente a pesar de ser lunes. Se notaba a las claras la presencia de americanos y canadienses que habían llegado el fin de semana. Era la temporada alta para Barbados. En el norte el frío alentaba a los gringos a venirse para el caribe. Nosotros en cambio, estábamos tratando de llegar al país del norte, aún que vale aclarar que Miami no se parece mucho a los Estados. La música era la misma que la de los días anteriores. El DJ tenía una formula que parecía funcionarle y se notaba que había decidido no cambiarla. Era de la filosofía *"if it ain't broke don't fix it"*.

El ritmo "BUM, BUM, BUMBUM, BUMBUM" de *Sean Paul* hacia mover a la turistas colorados de tanto sol sin la misma gracia con la que habíamos visto danzar a los locales la semana anterior. Definitivamente, los cuerpos se movían, pero no de igual modo. Iban y venían en la pista, pero no se pegaban como los de los bailarines de la semana anterior. Me senté a un costado a observar el peculiar espectáculo, que llamaba la atención más por lo grotesco que por lo artístico. Siempre me gusto observar el baile y analizarlo sin intentar nunca hacer una replica personal del mismo.

A fin de los ochentas, mientras visitaba por segunda vez *Kheyvis,* había decidido que no me gustaba bailar y que en todo caso mi relación con la música sería la de compositor y no danzarín. Al rato se me sentó al lado una chica que tenía cara de simpática. No era linda, pero sin duda valdría la pena iniciar una conversación. Era inglesa y se encontraba visitando la isla con sus padres. Tras un par de minutos me di cuenta de su simpatía era más amplia de lo que pensaba. Esto no hacía que me pareciera más linda, pero si hacía más amena la charla. Tal vez hablamos sobre los danzarines, o tal vez yo haya intentado hacerme el interesante con algún comentario semijocoso. Casi logro imaginarme lo que le dije, aún que no lo recuerdo precisamente.

Antes de que se termine la fiesta caminamos un rato por la playa y note el brillo en sus ojos. Era la situación ideal pero algo me decía que no era apropiado aprovecharse de la inglesa de ese modo. Mi mente rebobino y pensé en la mano del Diego en el '86. No podía volverles a hacer eso. No soy vengativo y además la inglesa no me gustaba. Seguimos charlando un rato más y un rato mas tarde la acompañe hasta su auto. Antes de despedirnos, no se como ni en que forma, notamos que ambos habíamos nacido el mismo día. Exactamente el mismo día: el 27 de abril de 1975. Hacía casi veintiocho años. Nos parecía una increíble casualidad a los dos, pero este hecho no iba a cambiar nada.

Era hora de despedir a la inglesa que se regresaría donde los padres la estarían esperando como a toda hija única que vacaciona con los papas a los veintisiete y tres cuartos. Regrese remando al barco en el que mi compañero dormía y mis sueños de llegar a Miami se encontraban congelados junto al *block* del motor.

Día 80: Resucitar

Estábamos ansiosos de volver a escuchar el sonido del Volvo. Uno pensaría que la ansiedad no se replica a bordo de un velero, pero muy por el contrario, puede escalar hasta niveles insostenibles cuando el futuro de la ruta esta en juego. Tener motor significaría poder continuar sin problemas. Era volver a instalar la red debajo de la cuerda floja en la que transitaríamos las últimas mil quinientas millas.

Esperábamos que los morenos mecánicos llegaran temprano, pero ya era casi el mediodía y los zulú no daban ni señales de vida. Quería controlar mi ansiedad leyendo y luego tomando mate, tras mirar la computadora y el GPS. Imaginaba rutas, hacia cálculos y utilizaba la matemática rudimentaria para al rato recordar que no podía anticiparme a los hechos. Si el motor no arrancaba estaríamos en problemas. Pero tenía que arrancar, si la junta de la tapa había llegado y una vez instalada el motor de seguro daría arranque como el día que tiramos el barco al agua por primera vez allá en la Marina del Sol en 1986.

Como a las doce y media los vimos aparecer en el muelle del Boatyard. La figura del flaco alto se noto primero, pero solo al ver al gordo pude comprobar que se trataba de la dupla que intentaría solucionar nuestro problema ese mismo día. Nuevamente repetimos el grotesco espectáculo de los mecánicos, la caja de herramienta y el *sudaca* pelilargo a bordo de un bote que estaba calculado para una esbelta pareja y a lo sumo un bebe de tres meses. No se si era mi ansiedad, pero me pareció que llegamos a bordo más velozmente que en la visita anterior de *el Gordo y el Flaco*.

Desde una bolsa que parecía contener los restos de un sándwich de jamón y queso emergió la pieza que venía a rescatarnos desde Miami. Envuelta en un plástico al vacío, la junta mostraba su orgulloso logo de pieza original. Sin mayor ceremonia rompieron el envoltorio y se fueron para adentro para comprobar que el numero de parte enviado correspondía con el modelo de motor que la **Treme** cargaba desde el '86. Dos mil tres turbo. No me voy a olvidar más de ese modelo. Era un diesel con tres cilindros, pintado de un color verde difícil de describir pero imposible de olvidar. Era como si ese color estuviera diseñado para mimetizarse con la grasitud del diesel y el aceite que invariablemente recubrían ese color que tenía poco de estético pero mucho de funcional.

Comenzó el proceso de ensamblaje y, tanto Eduardo como yo, observábamos cada movimiento de los mecánicos zulú desde nuestra privilegiada posición del *tambucho* de la entrada de proa. Estábamos ubicados justo arriba del motor. Era como ver la instalación de la pieza con esa cámara que habían usado por primera vez en el mundial de México '86, la cual mostraba la toma del balón justo desde arriba del circulo central de la cancha del estadio Azteca.

Iban rearmando el Volvo con relativo desgano, pero con una velocidad que nos dejaba dudando. Al cabo de una hora y media las válvulas estaban en su lugar, la junta colocada y la tapa estaba siendo ajustada mediante una sucesiva apretada de sus tres tornillos. Era importante apretarla de modo parejo, pero sin apretarla de más. Lo justo y necesario.

Nuestras esperanzas estaban en alza. Estábamos ya muy cerca de la hora de la verdad. *El Gordo y el Flaco* salieron al *cockpit* totalmente empapados de sudor. Para ser completamente sinceros debería agregar que no olían nada bien, pero nada de esto importaba. Lo importante era dar arranque al motor.

La llave ingreso por donde siempre y fui yo el encargado de hacer el primer intento. El sonido era promisorio. Podíamos sentir como las válvulas comenzaban a moverse en su metódico arriba-abajo. Sin embargo el arranque no se daba. Luego de veinte segundos el Gordo me pidió que pare. Sugerimos la descompresión a la cual ya estábamos habituados. El Flaco insistió en volver a darle arranque sin descomprimir los cilindros. El sonido era el mismo y el motor seguía sin arrancar. Probamos la descompresión y nada. Volvimos a probar y el resultado era invariablemente el mismo.

Decidimos dejar descansar a las baterías y de paso le ofrecimos algo tibio de tomar a los mecánicos. Estaban sedientos, pero esa sed era el resultado de un esfuerzo inútil por revivir al Volvo que seguía en coma. Sentía como si este intento fútil de hacer revivir el motor era como una de esas escenas de película de hospital, en las que el medico le da varios shocks al cuerpo inerte de un paciente que ya se ha ido para el otro mundo.

El intento final tenía menos esperanzas que el primero, pero algo de posibilidad quedaba en el intento. El motor no arranco . Probamos varias veces más y no arranco. No iba a arrancar. La desazón era total. Eran ya las cuatro de la tarde y los morenos querían regresar a la tierra en la que los esperaría una fresca cerveza junto a la barra de algún bar cercano. Ellos habían cumplido con su tarea de hacer la instalación de la junta, así que hubo que pagarles igual.

Les preguntamos que se podía hacer para hacerlo arrancar y se miraron como si les hubiéramos preguntado una pregunta avanzada sobre física cuántica. En su incomprensible versión del ingles nos dijeron que la única opción era remolcar el barco hasta el puerto donde ellos podrían traer una grúa para sacar el motor del barco y llevárselo para una rectificación total en su taller de St. Michael. Esta opción no nos gustaba nada por dos motivos: sonaba a dos meses de espera y además suponía el desembolso de varios miles de dólares, los cuales no estaban en nuestro haber. Baje a los mecánicos con mucho menos ganas de las que tenía cuando los fui a buscar.

De vuelta en el **Tremebunda** pude ver la cara de Eduardo que transitaba entre la duda y la total decepción. La mía no se que diría, pero calculo que la palabra más acertada sería mierda, estamos cagados. Nos quedamos mirando el motor y creo que intentamos darle arranque un par de veces más. No tenía sentido seguir intentando o nos quedaríamos sin baterías. Decidimos no prender la radio para ahorra amperes hora y de paso evitar la transmisión de tan pésima noticia a nuestros amigos radio aficionados y por ende a nuestras familias. No sabíamos bien que hacer, pero al motor no lo íbamos a sacar del barco ni a punta de cañón.

Barbados - Puerto Plata

Día 81: Huevos

Llegamos entonces a la bifurcación en el camino. Tocaba decidir el destino de nuestro viaje. Nos dimos cuenta de que no era cuestión de lo que opinaran los mecánicos, o mi padre o los amigos de Zárate o Rafael, el de la ronda de navegantes. El motor estaba roto y sabíamos que teníamos dos opciones delante nuestro: abandonar el viaje o seguir a vela.

La opción de sacar el motor en Barbados no solo nos parecía desacertada, sino una demora que nos sería imposible de sostener. Estábamos a fin de Marzo y ambos teníamos el tiempo disponible contado. Mi plan era comenzar a trabajar en Abril y Eduardo debía volver a la fabrica en la que había crecido y que era la responsable de mantener a su familia desde los sesenta.

Hoy veo, ya como padre de familia, la gran responsabilidad que debió delegar Eduardo para comprometerse a hacer el viaje conmigo. Ayer me preguntaba mi amigo Diego sobre los motivos de Eduardo para hacer este viaje y la verdad es que me quede sin poderle contestar. Ese silencio me dejó pensando en la responsabilidad de llevar una empresa adelante y en el proyecto de mantener una familia que millones compartimos.

El viaje fue, en cierto modo, una manera de tomarse unas vacaciones de ese proyecto y, a su vez, una forma de auto convencerse de que todo plan imaginario es posible de ser concretado. El navegar siete mil millas le parecía una locura a muchos, pero a Eduardo, a mi papa y a mi nos parecía una sensata aventura que nos mudaría de país a mi y a la **Tremebunda**.

Nos levantamos sin saber cual de los dos caminos que se nos presentaban íbamos a elegir. Era una versión en vivo de los libros "Elige tu propia aventura" que se leía de este modo :

a) Dejas el barco en la isla de Barbados y te tomas una avión par reencontrarte con tu familia. El barco se hunde en Barbados unos meses más tarde, cerca de la boya de barco hundido de la cual te habías amarrado la noche en que arribaron a la isla.

b) Decides soltar amarras y navegar a vela las casi dos mil millas que te quedan para llegar a Miami.

La elección no se demoró demasiado. Nos quedaba revisar algunas cosas antes de decidirnos entre a y b. Bajé a comprar algunos víveres que nos harían falta, y al hacerlo me di cuenta de que ya estaba dando vuelta a la pagina para continuar con el viaje. Al regresar de mis compras solo hubo una breve conversación. Le pregunté a Eduardo:

- *¿Vamos?-*

- *Si, vamos a vela* - respondió con seguridad.

Ninguno de los dos quería abandonar la maratón con esa sensación de derrota. Nos habíamos propuesto llevar el barco a Miami y ninguna junta de tapa de cilindros, o lo que fuera que estuviera roto en el Volvo nos lo iba a impedir. En cierto modo siento que ese momento clave fue el que definió el viaje de hace una década.

En esa pregunta, nos estábamos también preguntando si teníamos los huevos para aceptar la responsabilidad de la decisión que estábamos tomando. No tendríamos motor para entrar o salir de puerto, no podríamos cargar las baterías más que con el panel solar que apenas recargaba nuestro consumo y tampoco tendríamos frío en la heladera. La travesía se iba a poner más dura de que lo que había sido hasta ese momento, pero tras tantas millas que habíamos dejado atrás, teníamos confianza en que nuestro proyecto era posible.

Este viaje no era la comida, ni el frío en la heladera, ni las charlas por radio. Era las velas infladas para empujar el casco en rumbo norte. Nos acordamos de los navegantes de antaño que lo hacían todo a voluntad del viento. Nos acordamos del innombrable Vito Dumas, que circunnavego el globo en solitario en los años 40 partiendo del mismo puerto que habíamos dejado a estribor el cinco de enero. También de los expedicionarios y de los valientes que día a día concretan sus sueños llevando a la practica lo que la mayoría evalúa como imposible.

A las seis de la tarde izamos las dos mayores y soltamos la boya del Boatyard. Nos fuimos sin despedirnos de nadie. No había tiempo que perder. El mar caribe nos aguardaba. Mientras íbamos viendo como se alejaba el muelle del *Boatyard* que tantas veces nos había visto subir y bajar, vimos un crucero de los que traen turistas aproximándose a la distancia. Su casco azul se recortaba nítidamente contra el horizonte.

Nuestro rumbo era hacia el este, apuntando a pasar entre Saint Lucia y Saint Vincent. Aún nos encontrábamos con poco viento ya que estábamos al resguardo de la isla. El barco se deslizaba a tres o cuatro nudos. Lentamente vimos como el casco azul se iba acercando. Por vez primera no podíamos contar con el motor como red de seguridad. Estábamos calculando por donde pasaría en su camino hacia el puerto. Hizo sonar su fuerte bocina de buque cuando estábamos a tan solo una milla. El casco azul se veía enorme y los nervios iban en aumento. Un minuto más tarde del bocinazo pudimos ver como el crucero cambiaba su rumbo apenas unos grados y la calma regreso al *cockpit*.

El casco del *Constelation* nos paso a unos doscientos metros. Parecía un edificio azul lleno de turistas que nos daban la despedida de Barbados desde los balcones de sus suites. Este breve encuentro con el peligro nos hizo recapacitar sobre nuestra decisión. No sería tan fácil ir a vela solamente, sobre todo cuando el viento escaseara. Pero la decisión estaba tomada y no había vuelta atrás. Al comenzar la noche avisamos por radio sobre la decisión de proseguir a vela. También les comunicamos que si por algún motivo no podían comunicarse con nosotros, que considerasen que podría ser por falta de baterías y no porque nos hubiera arrasado un carguero.

Eduardo se fue a dormir temprano y yo me quede sonriendo en el *cockpit*, admirando la luna que parecía estar guiñándome un ojo como si supiera que *b* era la decisión correcta para llegar hasta el final del libro.

Día 82: Las Pitons

Pasamos la noche muy tranquilos avanzando a un promedio de cinco millas por hora. A eso de las tres me fui a dormir y lo deje a Eduardo de guardia. Otra vez éramos solo dos y debíamos tratar de dejar descansar al compañero lo más posible para luego poder descansar uno. A media mañana me levante y con alegría pude observar el contorno de las afamadas *Pitons* de *Saint Lucia*. Su forma sorprendente las había transformado en un símbolo de la isla y el motivo de infinidad de souvenirs.

En la isla se las puede encontrar en remeras, tazas, llaveros y recuerdos sin uso. Esto lo supe luego a través de mi madre que ha visitado *Saint Lucia* varias veces, pero nosotros apenas nos estábamos acercando por vez primera a vela. La primera noche nos había tratado muy bien y el suave viento de popa nos dejaba avanzar a una velocidad aceptable. Hacia el sur podíamos también ver la isla de Saint Vincent pero sin duda íbamos a pasar mucho más cerca de Saint Lucia. Habíamos escuchado que *Saint Vincent* era muy bonito y pintoresco, pero a quince millas de distancia parecía una isla más.

El viento había ido calmando con la proximidad del medio día y la velocidad disminuyo considerablemente. La corriente nos empujaba contra la isla y mientras la brisa se mantuviera no tendríamos problemas. Cuando estábamos a unas 4 millas del extremo sur de Saint Lucia el viento se calmó por completo. El **Tremebunda** flotaba en la calma caribeña como un corcho a la deriva. Miramos el GPS y la corriente nos llevaba directo hacia la rompiente de la punta. Los nervios volvieron a crisparse, pero aún teníamos tiempo. Estábamos avanzando a dos nudos hacia la isla, o sea que tendríamos dos horas para que el viento creciera un poco y nos diera la posibilidad de salir de este percance.

Era imposible saber si la corriente nos tiraría contra la costa o si a último momento nos empujaría hacia el oeste para darnos paso sin problemas. Mirábamos al agua y nada se movía. El GPS sin embargo nos seguía diciendo que las Pitons estaban cada vez más cerca. Comenzábamos a ver los riesgos de la navegación a vela pura. El motor seguía descansando muerto de risa en la sentina como siempre. Los nervios siguieron en ascenso, al menos por un rato.

A eso de la una de la tarde, cuando estábamos como a tres millas de la isla, comenzamos a sentir una brisa desde el este que nos iba a dar el empuje suficiente como para zafar de la punta. Las Pitons se pusieron un poco tristes de que no nos acercáramos más pero nosotros nos sentimos aliviados al ver que el barco volvía a avanzar a cuatro nudos. Este breve incidente de la falta de viento en un paso entre islas nos dejo marcados y sin dudo hoy recuerdo esa hora de calma como una de las horas más extensas de la travesía.

A media tarde ya veíamos a las Pitons alejarse en nuestra popa. Dejábamos atrás un Saint Lucia que no he vuelto a visitar. Los recuerdos de esa calma de mediodía se quedaron en mi memoria hasta el día de hoy. Los souvenirs de las Pitons me los debo para una próxima visita.

Día 83: Isla de las Aves

El viento nos seguía empujando de popa y sin darnos cuenta los dos habíamos regresado a la rutina del mar. Eran las guardias, los limitados ajustes del rumbo y de las escotas. La nave avanzaba sin problemas por medio del mar caribe. Por momentos, y muy a lo lejos, pudimos ver el resplandor de alguna de las islas del caribe francés. Me parecía increíble estar navegando en las aguas azul profundo de un mar en el que tantas veces me había soñado navegando.

Nos sentíamos afortunados de contar con la bondad de *Eolo*. Sin él no hubiéramos ido muy lejos y el sabor del peligro del paso entre las islas en medio de una recalmada nos había quedado en el paladar. Mientras estos alisios nos llevaran, seguiríamos bien. La brisa nos entraba por la aleta y las dos mayores se pasaron el día abiertas.

El navegar a favor del viento en un mar sin olas nos brindaba una serenidad que no he vuelto a experimentar desde entonces. La onda del Océano Atlántico había desaparecido por completo, bloqueada por la barrera de islas que teníamos a barlovento pero que no podíamos observar a simple vista.

Nuestra ruta nos haría pasar cerca de una pequeña isla que le pertenece a Venezuela, pero cuyos habitantes son plumíferos: la *Isla de las Aves*. Sin duda que pensar en una isla tan pequeña ubicada en medio del mar Caribe lo deja a uno montado del barrilete de la imaginación. Como sería la vida de los científicos que pasaban allí sus temporadas. Imaginaba las rutinas de la isla cobrando una dinámica propia, así como las rutinas de a bordo se llevaban nuestros días mientras nos hallábamos navegando. En cierto modo una isla así de chica debía ser parecida a un barco anclado, pero con arena, guano y huevos de tortuga.

Cerca de las cinco de la tarde empezamos a notar una gran

variedad de aves que rondaban nuestra nave desde el aire. Llegaban haciendo un vuelo de reconocimiento y minutos más tarde regresaban con más camaradas que venían a observarnos con la paciencia con la que los científicos venezolanos las observaban a ellas en la isla. Todas se parecían a alguna variante de la gaviota, pero dada mi falta de conocimiento acerca de las especies y subespecies de este animal volador no puedo dar nombres científicos más precisos a nuestros visitantes. Se veían marrones, blancas y con manchas. También llegaron grandes y algunas pequeñas y grises que nos recordaron a Catalina, la gaviota que nos había visitado antes de llegar a Barbados en una oscura noche de un par de semanas antes.

A la isla en si nunca llegamos a verla. Estimo que le pasamos a menos de veinte millas pero siendo tan diminuta y de tan baja altura, no pudimos ver su costa. No podíamos darnos el lujo de desviarnos, ya que había que aprovechar cada milla que nos regalaba Eolo. El *Canal de la Mona* estaba allá adelante y no íbamos a desviarnos por nada mientras el viento nos lo permitiera.

Al anochecer constatamos que las baterías habían bajado un poco pero todavía teníamos como para prender la radio y simplemente avisar que estábamos bien. Desde Campana Julio nos saludo, nos tomo la posición y se despidió con uno de sus chistes. La noche de vuelta nos abrazaba con su suave brisa. Las luces del **Tremebunda** se quedaron apagadas para poder conservar amperes. Esperábamos que el panel solar recargara lo que habíamos consumido con el uso de la radio durante el día siguiente.

Comimos un arroz de los clásicos de Gervasio y le dije a

Eduardo que se fuera a acostar cuando quisiera. La noche con el viento de atrás se confundía con el sueño de estar navegando con el **Tremebunda** sobre un mar caribe sin ondas ni problemas.

Día 84: La vela balón

Probablemente haya sido el día más pacifico de nuestro viaje. Amanecimos con el viento justo de popa. El *genoa* no rendía mucho en esta condición y dado que el viento era de menos de quince nudos, el avance del **Tremebunda** se hacia un poco más lento. Cuando el viento te viene de atrás, cada nudo de velocidad del barco es una milla menos de viento. Es un efecto curioso dado que muchas veces parece como si uno avanzara por arte de magia. Uno no siente el viento y sin embargo el barco avanza y las velas permanecen infladas.

Nos dimos cuenta que si queríamos avanzar algunas millas más, lo ideal sería izar el *spinnaker*. La vela balón, como le dicen los españoles, había permanecido estibada debajo del *cockpit* desde nuestra salida de Buenos Aires. A decir verdad estaba allí guardada hacia una década al menos, pero ese silencio del desuso iba a cesar esa mañana. Nuestro *spinnaker* venía guardado en un *snoofer*, que es como una media gigante en la cual la vela balón se guarda. Uno iza esa media y mediante unas poleas abre la vela redonda que aparece como tirando al barco de su nariz. En toda sinceridad, no se porque el *spi* no se usaba más seguido. Era sencillo de manejar y al ponerlo le daba a uno la tranquila sensación de estar flotando.

Pusimos el *tangón* por estribor e izamos la media para preparar la vela. Un minuto más tarde me fui a la proa para tirar de las poleas y apareció el rojo carmesí de nuestro spi con el veintidós pintado en medio. La calma regreso al barco y ambos sentimos el relax de estar avanzando sin sentir el avance. El buen humor comenzó su tendencia de alza que seguiría al menos por un par de días. Cuando fui adentro para calentar el agua para el mate pude también notar que la calma se sentía por dentro.

A pesar de estar yendo un par de nudos más rápido, el spi le daba al barco una estabilidad que por momentos se confundía con el confort de una amarra en una marina protegida. Mi bitácora no cuenta que almorzamos pero se que habré tenido tiempo como para esmerarme agregando choclo o arvejas a mi arroz. Lo que más recuerdo de ese día es el rojo recortándose contra el cielo azul. Las mayores de los *Gianotti,* que aún aguantaban, volvían a sentir el alivio de compartir la responsabilidad del avance con la vela balón.

Por suerte el viento se mantuvo y el timón de viento llevaba el rumbo a la perfección. Cada día que pasaba nos maravillábamos de cómo este mecanismo funcionaba tan bien sin consumir ninguna energía. Una verdadera joya de la ingeniería que Eduardo llevará por siempre en su escudero de inventor. Los planos de Daniel habían sido la base para el diseño, pero la adaptación a nuestro barco había sido de Edu. En todo caso, si tuviera que elegir un articulo para llevar en un futuro viaje sin dudarlo elijo el timón de viento, que desde hace una década descansa en *Key Biscayne.*

Durante la tarde me dedique a leer y luego a mirar la carta digital. Estimaba que en dos días estaríamos pasando por el canal de la Mona y desde allí solo quedaría recorrer la costa de Dominicana para llegar a Puerto Plata. Mi padre ya nos había confirmado que llegaría allí el dos de Abril y nosotros estimábamos llegar el primero. Por la noche, tras un frugal cena, me quede de guardia con el spinnaker recortándose ahora contra la luna en cuarto menguante. La imagen era digna de un cuadro para oficina de dentista. También podría haber sido la tapa de una revista de náutica, o la imagen que podría representar de algún modo la felicidad de estar cumpliendo el sueño de navegar.

Saque mi walkman Sony para ver si podía captar alguna radio, pero no tuve mayor suerte. Estábamos a más de doscientas millas de cualquier isla y lo único que llegaba era estática. Habría que esperar hasta el día siguiente para que volviéramos a ver tierra.

Día 85: Hola Puerto Rico

Nunca había tenido puesto el Spi durante tanto tiempo. Toda la noche tirando de las narices del barco, llevándolo derecho hacia su destino. Al levantarme, tras haberle cedido la guardia a Eduardo en medio de la madrugada, sentí que la decisión de haber partido de Barbados había sido un acierto de considerable certitud. El barco avanzaba a seis nudos como si un imán nos estuviera atrayendo hacia *Dominicana*.

Ese día esperábamos llegar a *Puerto Rico* y, con suerte, en dos días a Puerto Plata. La brisa de popa era una bendición que no nos dejaba borrar la sonrisa de nuestras caras. Pronto cumplimos las veinticuatro horas de vela balón. El avance del **Tremebunda** era tan notorio, que hoy se nos acabaría el mar caribe. Esperábamos pasar el pasaje de la Mona y entrar al Atlántico sin mayores problemas. Tras un almuerzo sin mucho sabor comenzamos a soñar con comida de en serio. Charlábamos sobre bifes con papas fritas, pero pronto recordamos que lo mejor era no perder la calma y dedicarnos recorrer lo que nos faltaba.

Toda la tarde seguimos sin problemas con el *Spi* arriba. Tomamos fotos, reímos con anécdotas de un pasado en común y leímos. No pusimos música para no gastar la batería, pero al menos teníamos el respaldo de ese panel solar que mi padre había comprado en los noventas como cargador de energía renovable para nuestras baterías. Ese panel era del mismo proveedor que había comenzado a instalar estaciones de carga en las boyas del canal Mitre de Buenos Aires. Cuando pasábamos cerca de las boyas del canal mientras navegábamos en el ahora lejano Río color de león, veíamos los mismos paneles que ahora recargaban nuestras baterías en el caribe.

Hacia el final de la tarde la brisa decayó notoriamente. El avance se hizo lento y las escotas comenzaban a ser demasiado pesadas como para mantener esa vela flotando. El peso de la escota desinflaba la vela, por lo que recurrimos a poner una escota de repuesto súper fina que llevábamos por la dudas. Siempre en una travesías así de larga uno termina usando lo que creía que no iba a necesitar. Navegante preparado sirve para otra singladura. Con la nueva escota fina el Spi volvió a flotar y a llevarnos de la nariz, aunque a menor velocidad, hacia la isla del encanto.

Como a las cuatro de la tarde vimos la costa aparecer claramente. Una hora más tarde veíamos el recorte de las montañas de la isla de Puerto Rico contra el horizonte. Dada la lentitud del avance, pudimos observar con atención cada relieve relevante desde nuestra posición. Hacia el atardecer llegamos a divisar Ponce y me quede pensando en como hubiera sido hacer esta etapa con más tiempo (y con motor). Sin duda hubiera sido fantástico poder conocer Puerto Rico a vela, pero esa parada también me la debo hasta otro viaje. Mientras el Spi siguiera inflado, el avance era seguro.

Cayó la noche y nos conectamos por radio con Zárate para dar nuestra posición . Nos confirmaron que mi padre los había llamado para decirles que de seguro iba el día dos a Dominicana y que con el viajaría Max, un amigo mío y de mi hermano al cual conocíamos desde que mi familia se había mudado a Miami. Max no tenía idea de barcos, pero era un amigo leal y un personaje con el que valdría la pena contar para cuando Eduardo se bajara de la nave. Se hizo de noche en el pasaje de la Mona y el viento calmo casi por completo. Avanzábamos a tres nudos y veíamos los barcos que cruzaban entre Dominicana y Puerto Rico. Sabíamos que era una zona de mucho trafico de buques por lo que ambos nos manteníamos alerta.

Antes de la medianoche teníamos un petrolero en nuestra popa que nos apuntaba justo al medio. Recurrimos a la radio VHF y luego de varios intentos frustrados el fuerte acento del operador de radio nos comunico que nos tenían en su radar y que nos pasarían por babor. Cinco minutos más tarde el gigante oscuro nos paso a trescientos metros como a quince nudos de velocidad. Mientras nos pasaba esa mole oscura por al lado en medio de la noche me acorde del Tano Nicoletti y su encuentro menos fortuito con un carguero cerca de Venezuela.

Había que andar con mucha precaución en esta zona de tanto trafico para no quedar como el Tano durante siete días flotando arriba de una madera. La noche entera me la pase mirando el radar y contando los barcos que pasaban a lo lejos. La precaución como madre de la fortuna. La fortuna como explicación de lo planeado. En el radar las manchas verdes me avisaban cuando apretar el botón del VHF por las dudas.

Día 86: La calma antes de la tormenta

Nos había costado gran parte de la noche salir del *canal de la Mona*. Al amanecer no veíamos la costa, pero sabíamos que *Puerto Rico* estaba a nuestra popa. La brisa era muy suave del noreste y avanzábamos lento en las aguas de Atlántico norte. Era un día brumoso y esperábamos que la intensidad del viento levantara un poco para ayudarnos a recorrer las doscientas millas que nos quedaban para llegar a *Dominicana*. Si el viento no mejoraba sería difícil llegar antes del día dos, que era el día en que arribaría mi padre a la tierra de los peloteros. De todos modos esta presión temporal no podía cambiar en nada nuestra velocidad.

Desde que habíamos tomado la decisión de ir a vela, sabíamos que no teníamos otra alternativa que rezar por buenos vientos. Sin ellos no avanzaríamos al destino. Hasta ahora habíamos avanzado bien y a pesar del poco viento la **Tremebunda** aún se movía en rumbo noroeste. Seguíamos estando en un pasaje de amplio transito de buques y calculo que en ese día vimos al menos cinco o seis que iban o venían de los Estados.

Pasado el mediodía, el cielo se cubrió completamente y comenzamos a notar que el clima iba desmejorando. En el ambiente podía sentirse que algo estaba viniendo hacia nosotros, pero aún no sabíamos que sería. Por la apariencia meteorológica, parecía ser una baja presión que se aproximaba. No era simple lluvia, sería algo más. Prendimos el VHF para escuchar los pronósticos locales. Quedamos a la escucha.

Durante nuestra espera del pronóstico, el viento mermo a cero. La **Tremebunda** flotaba sin moverse un centímetro. El bamboleo de las botavaras a causa de la marejada que había quedado revolviendo las aguas era desesperante. Las velas golpeaban de un lado al otro y cada vez que miraba hacia al agua me sorprendía descubrir la quietud a nuestro alrededor. A pesar de estar quietos sobre la superficie, nuestro GPS nos indicaba que la corriente nos empujaba a una milla y media por hora hacia el destino. Menos mal que la corriente era a favor y no en contra o de lo contrario hubiéramos estado por primera vez retrocediendo. Decidimos bajar ambas mayores para no tener que tolerar el estrepitoso ruido de las botavaras golpeándose en cada ola que nos pasaba por abajo. Por suerte estábamos bien lejos de la costa y podíamos quedar flotando con tranquilidad. Una vez que ambas mayores estuvieron abajo y el *genoa* se encontrara guardado, nos dedicamos a cocinar algo rico como para mejorara nuestro animo.

Creo que tomamos una sopa instantánea y comimos luego una pasta con salsa roja. Un lujo de alta mar podría decirse. Hacia el fin de la tarde escuchamos el pronostico brindado por el guardacostas de Dominicana. El parte no era muy auspicioso. Las condiciones comenzarían a deteriorase al día siguiente. Recomendaban a todas las embarcaciones llegar a puerto cuanto antes dado que no sería seguro estar en el mar al día siguiente. En todas las zonas costeras se esperaba condiciones de tormenta tropical en las próximas veinticuatro horas. Los vientos podrían alcanzar las cincuenta millas de viento y las olas superarían los diez metros de altura. Además alertaban a la población sobre posibles inundaciones y cuestiones de tierra que no nos preocupaban. Así que con cara de resignación, encogimos nuestros hombros y nos preparamos mentalmente para el cachetazo fuerte que la meteorología iba a pegarnos.

Era muy desesperante saber que estábamos flotando tan cerca de nuestro destino sin poder hacer nada para avanzar y acortar las millas que nos restaba recorrer. Si hubiéramos tenido motor, el avance con las cuatro palas de la hélice nos hubiera puesto a pocas millas de Puerto Plata para cuando ingresara la tormenta desde el norte. Pero no podíamos lamentarnos por la decisión que habíamos tomado en Barbados. Al tomarla sabíamos que era una decisión de paracaidista. Nos habíamos tirado al caribe y ahora nos tocaba ponerle el pecho a la tormenta que nos tomaría el examen final para nuestra graduación de nautas.

Llegó la noche en total silencio. No hablábamos mucho, lo cual indicaba la frustración y la resignación de ambos. No era la culpa de nadie. Era el destino el que nos había tirado este tormentón en frente. La calma, desesperante como era, constituía al mismo tiempo un examen adicional para probar que éramos al fin y al cabo navegantes de en serio. Avisamos por radio que

El Viaje

estábamos preparándonos para el mal tiempo. Teníamos los recursos, la experiencia y la confianza en el barco como para hacerle frente a lo que viniera.

Durante esa noche, mientras la corriente nos empujaba hacia la Florida, me acordé de las tantas tormentas que había sobrevivido la **Tremebunda**. Desde aquel accidentado viaje inaugural en el que curiosamente también había estado presente Eduardo, hasta el segundo viaje a *Mar del Plata*, con esas olas del Atlántico sur tan jodidas. El barco estaba hecho para resistir y nosotros estábamos resistiendo para ser.

Día 87: La tormenta

Durante la noche permanecimos inmóviles en un charco revuelto y oscuro. El agua presentía la cercanía de la tormenta. Un ambiente eléctrico y desesperante en el que aguardábamos el incierto momento del golpe. Mientras flotábamos, las luces de la costa Dominicana nos daban una idea de la distancia que manteníamos con la isla de *Hispaniola*. Esa distancia sería clave durante el día que nos aguardaba.

Nuestro principal predador era la tierra firme. La tierra que nos había visto nacer y sobre la cual habíamos aprendido a construir barcos y tomar cursos de navegación era la misma que representaba el peligro más inminente para una nave sin motor en un crucero con mal tiempo. Habíamos subido las velas antes de que Eduardo se fuera a dormir por si el viento remontaba durante mi guardia, pero el viento nunca repunto. El ruido de las mayores que se bamboleaban de un lado al otro era desesperante. Me puse el walkman para tratar de escuchar alguna radio local y distraerme, pero a cada rato estaban alertando a la población sobre la tormenta que se avecinaba. En la noche pude divisar infinidad de pesqueros que regresaban a puerto para no arriesgar su existencia en el mar.

El **Tremebunda**, con una actitud que oscilaba entre lo valiente y lo resignado aguardaba flotando la llegada de los vientos. Se suponía que el frente estaría alcanzándonos recién al mediodía. Por ahora la corriente era lo único que nos transportaba. Antes del amanecer una brisa del norte comenzó a inflar las velas ya agotadas de tanto ir y venir. Cuando pude ver que el barco volvía a avanzar me fui a tirar en la litera mientras Eduardo se hacía unos mates. Trate de dormir lo más posible, pero no fue mucho. A media mañana la ansiedad me tocó el hombro para que retornara a esa preocupación inútil por la tormenta que no podríamos evitar.

Al mediodía salió el sol y el viento repunto un poco. Calculo que soplaba unos veinte nudos. Ambos pensamos, este frente no es tan bravo. Dos horas más tarde nos dimos cuenta de que el mediodía había sido una caricia de despedida del confort de la navegación en el caribe. Estábamos en el Atlántico y el frente estaba sobre nuestras cabezas. El aire empezó a sentirse realmente frío y, por primera vez en toda la travesía, debimos abrigarnos con pulóveres y trajes de agua. Las ráfagas pasaban los treinta y cinco nudos y decidimos bajar la mayor. Seguíamos con la *trinqueta* (la mayor de proa) y la *trinquetilla*.

El barco avanzaba bien, pero a cada minuto y con cada nueva ráfaga, las escotas se tensaban un poco más. El viento venía ahora del Noroeste y por suerte nos daba justo para seguir en rumbo paralelo a la costa. Hacia la mitad de la tarde las olas ya nos estaban dando duro y el viento seguía aumentando. Era difícil mirar a barlovento ya que en cada ola que pasábamos llegaba un salpicón que nos frenaba y bañaba la cubierta. Ambos estábamos húmedos a pesar de los trajes de agua. Las ráfagas comenzaron a pasar los cuarenta nudos y las olas a transformarse en verdaderos monstruos marinos que nos pasaban por debajo cada quince segundos.

Decidimos entonces bajar la *trinqueta* para cuidar nuestro aparejo. En cada ola el mástil de proa se sacudía como una varilla sin estructura. Cuando bajamos la *trinqueta* la velocidad disminuyo, pero la navegación se hizo un poco más tranquila. No pegábamos tan fuerte en cada ola. Entonces baje a cocinar una sopa para Eduardo y para mi. Nos vendría bien recalentar el estomago y sacar la cabeza por un minuto de la tormenta.

Mientras disfrutábamos del calor en la panza, pude ver desde el camarote de popa como las gigantescas olas nos pasaban por debajo con los veinticinco grados de escora que llevábamos. El timón de viento, estoico mantenía el rumbo en medio de ese caos de agua salada y espuma.

Le agradecí al cielo por el timón de viento y ya que estaba en el ámbito mágico-religioso aproveche para hacer una única petición: que no se venga abajo el mástil o estaríamos en problemas. Dios mediante el palo seguía ahí cuando salí tras terminarme la sopa. El cielo cubierto hacia difícil adivinar la hora, pero sin duda notábamos que ya estaba por caer la tarde. A lo lejos vi un carguero enorme que batallaba la tormenta en dirección opuesta a la nuestra. Rápidamente lo tuvimos a nuestro través y allí recién me di cuenta de las dimensiones de esas olas que nos pasaban por abajo. Cada ola embestía al carguero por su banda de babor y lo movía con la misma facilidad con la que mi hijo mueve la lancha naranja que usa en su bañera. Las olas pasaban por arriba del carguero sin problemas y fue entonces que nos dimos cuenta de que los del servicio meteorológico se habían quedado cortos en el calculo de altura de las olas de esta tormenta.

El viento seguía en aumento y de vuelta tuvimos la sensación de que el frente era más fuerte de lo que habían pronosticado. Allí, en la espuma, éramos tan solo dos navegantes argentinos que queríamos llegar a la Republica Dominicana sanos y salvos. Aún nos quedaban muchas millas y el avance se hacia difícil en ese rumbo que casi nos ponía de frente con el frente. La luz fue cayendo y la oscuridad del agua hizo a la escena aún más tenebrosa. Ya no veíamos la cresta que se iba ni tampoco los valles desde lo alto de la onda.

Justo antes de que terminara de anochecer una ola monstruosa nos paro en seco. Nos rompió sobre la cubierta y todo se cubrió de agua y espuma durante unos segundos. El *cockpit* se inundo de agua y el susto duro hasta la siguiente ola. Cada tanto es habitual encontrar en una tormenta una ola desmesuradamente mayor que las demás. Algunos le dicen *rogue wave*, otros la ola del diablo, pero lo cierto es que cuando te golpea esa, se te van las ganas de navegar de una.

No teníamos dudas de que iba a ser una noche difícil, pero habría que pasarla, como habíamos pasado las noches del pampero

guacho en el '87 y la tormenta del sur rumbo a Mar del Plata en el
'92. En ambas habíamos estado Eduardo, mi padre, mi hermano y
yo. Sin dudas esta tormenta era mucho más intimidante y peligrosa
que cualquiera de las anteriores por las que había pasado el barco.
Ahora tocaba afrontar la noche con el mejor espíritu posible. Como
era costumbre, tome la primera guardia, pero noté de inmediato
que era distinta a todas las demás. Me mantuve alerta en todo
momento. Cada dos minutos me asomaba para verificar que no
venga ningún carguero en nuestra derrota. Al rato miraba el radar,
que por suerte aún funcionaba con las baterías bajas. Con la gran
tormenta que teníamos encima no nos habíamos siquiera acordado
de la hora de la radio.

La prioridad era avanzar con precaución hacia nuestro
destino. La verdad es que estaba un poco asustado, porque negarlo.
Si algo se hubiera roto teníamos la costa a sotavento y no teníamos
el motor para salvarnos. Estábamos cruzando por sobre la cuerda
floja sin red, y para colmo el viento nos sacudía como si quisiera
voltearnos. El recordar las tormentas que había pasado el barco me
daba esperanzas, pero cuando sentía las rachas de viento más
fuertes que nunca antes, las esperanzas se transformaban en miedo
por la vida propia. Ya no importaba llegar o el viaje a Miami o
siquiera el estado del barco. La supervivencia era lo único que
importaba en medio de la noche aulladora.

No se hasta que hora pude tolerar esa tortura, ya que cada
minuto se hacía interminable. En algún momento en el que ya
tiritaba de frío me decidí a despertar a Eduardo que
probablemente habría dormido tan solo cuatro horas. Era mi turno

de descansar. Me saque la ropa empapada y me tape con la gruesa bolsa de dormir por primera vez desde la partida. Estaba temblando del frío. Lentamente la temperatura fue regresando al cuerpo. Me dio pena por Eduardo que estaría sufriendo afuera. Mientras me iba quedando dormido, los ruidos de las olas que seguían pasando sobre la cubierta me arrullaban . Solo quería irme al mundo de los sueños para imaginar que en alguna parte me aguardaba una comida caliente y un sol cálido.

Día 88: Puerto Plata

Me desperté con la sensación de haber dormido una eternidad. El barco se seguía moviendo bastante pero mi cuerpo ya se había habituado al zarandeo de la tormenta. Me levanté y le pregunté a Eduardo que hora era. Eran apenas las siete y aún nos quedaban unas veinticinco millas por recorrer hasta el punto en la carta que decía *Puerto Plata*. Las cuatro horas de sueño me habían renovado mentalmente, pero el cuerpo sentía el agotamiento físico de tener que estar en constante tensión para no salir volando en cada ola que nos montaba en ese sube y baja violento del mar agitado. Las crestas de las olas parecían más amenazadoras de día, pero tal como sucede en las películas de vampiros, la luz era un alivio. Podíamos ver claramente la costa,   y por suerte aún conservábamos las ocho millas de prudencial distancia con la arena y las rocas.

Ya habiendo pasado esa noche agitada en la tormenta estábamos casi contando con una llegada sin problemas. Pero aún nos quedaba un desafío mayor. No teníamos ninguna carta náutica detallada de la zona y la única referencia era una carta digital del caribe que nos decía donde quedaba la ciudad de Puerto Plata. La escala no era la adecuada y según el contorno de la costa intentábamos adivinar entre ola y ola la posible ubicación del puerto. Hasta no saber donde quedaba el puerto no podríamos enfilar hacia la costa y desde nuestra prudente distancia no se veía ninguna entrada que pareciera puerto. Veíamos mástiles que luego resultaban ser postes de luz. Veíamos playas y casas pero no encontrábamos ninguna escollera o entrada de buques.

Entonces se nos ocurrió llamar a la guardia costera para pedir asistencia. Llamamos por el universal canal 16 pero nadie contestaba. Probamos otros canales y nada. Volvimos al 16. Alguien debía contestar. No estábamos en una emergencia pero debíamos entrar al puerto a como de lugar. En un momento se nos ocurrió: ¿Habrá puerto en Puerto Plata ? El nombre lo decía, pero nadie nos había mostrado fotos o cartas de un puerto. Tenía que haber. Como en *Puerto Madryn* y *Puerto Montt*.

Pasadas las ocho nos contestaron. Calculo que fue el cambio de guardia y los que venían despiertos de toda la noche ni querían hacerse cargo de nuestras absurdas preguntas. Claro que había Puerto en Puerto Plata. ¿Acaso no lo veíamos? Le pedimos las coordenadas de la entrada pero el que nos contestó no las tenía. Entonces comenzamos un bizarro dialogo en el cual el oficial nos preguntaba que veíamos en la costa y nosotros empezábamos a nombrar puntos que el oficial no reconocía (seguramente porque los estaba viendo desde el otro lado). Al menos sabíamos que había un puerto y que ese puerto tenía una entrada. Ahora solo era cuestión de encontrarlo.

Empezamos a derivar unos grados para irnos acercando a la costa, pero aún de un modo tímido dado que la intensidad del viento volvía a aumentar de a ratos. Como quince minutos más tarde logramos ubicar una chimenea que el oficial nos pedía que buscáramos. Esa torre roja y blanca era la chimenea de una central que estaba a dos kilómetros al este del puerto. Le agradecimos la indicación y tomamos la decisión de tirarnos hacia la costa.

Abrimos la *trinquetilla* y apuntamos directo hacia la chimenea. Estaríamos como a diez millas de la costa. El barco aceleraba en cada barrenada como si quisiera también llegar y salirse de esta dura paliza que nos estaba dando el mar. Cuanto más nos acercábamos, más se definía la costa. Las playas dominadas por la espuma. Los turistas ausentes y nosotros intentando dar llegada a un nuevo país. Seguimos apuntando a las chimeneas y cuando la profundidad bajo a menos de treinta metros volvimos con el rumbo paralelo a la costa. Estaríamos a tan solo una milla de la costa y sabíamos que el puerto comercial estaba al oeste. No lo veíamos bien pero nos parecía ver un sector en que las olas no rompían. Ese debía ser el canal. Nos faltaban cinco millas para llegar. El radar nos ayudo a ubicar la entrada al puerto en su pantalla verde.

Cerca de las once y media pudimos, al fin, ver la entrada con nuestros propios ojos. Seguíamos avanzando paralelos a la costa y verificando que la profundidad no bajara. La adrenalina estaba en su punto cúlmine. Un error hubiera significado encallar y romper el barco. El cuidadoso calculo de cada paso nos permitiría celebrar, pero para eso faltaba media hora. La entrada al puerto se veía claramente pero aún   no nos decidíamos a enfilar hacia ella. Decidimos seguir paralelos a la costa hasta tener la entrada perpendicular a nuestro rumbo. Las olas seguían pasando como monstruos por debajo del casco para ir a estrellarse contra la costa que sufría sus embates con perdidas de arena.

Apenas pasado el mediodía nos miramos con Eduardo y supimos que era el momento de tirarnos del paracaídas. Estábamos al través de la entrada al puerto a tres cuartos de millas de la calma portuaria. Derivamos con decisión mientras el barco se hamacaba entre las olas. Seguimos con poca vela para no ir muy deprisa. Cuando estábamos entrando ya en el puerto observábamos como las olas rompían a ambos lados de nuestro barco. La baja profundidad que había fuera del canal hacia que los monstruos colapsaran. Era un espectáculo de alta intensidad. Nos sentíamos *surfers* en una tabla de 40 pies y si todo salía bien celebraríamos pronto.

Las olas fueron bajando una vez que la boca del puerto nos quedo atrás. Ahora nos tocaba pensar como haríamos para avanzar sin motor dentro del puerto. A babor teníamos grandes buques que nos tapaban todo el viento. Era inexplicable como el viento desaparecía tras esas moles. Como ciento cincuenta metros más adelante veíamos un muelle de amarre, pero no podíamos llegar hasta él. Una vez más flotábamos sin poder dominar el barco.

Era hora de tirar el ancla y ver como hacíamos para, más tarde, llegar hasta el muelle. El ancla Bruce que había fabricado Eduardo quince años antes tocaba el fondo de la Republica

Dominicana. Ese ancla que tantos fondos había tocado ahora sentía el sabor de la salsa y el béisbol. Habíamos llegado sanos y salvos.

Día 89: La despedida de Edu

Había llegado el día de la despedida. Eduardo se volvía a Buenos Aires en avión desde la República Dominicana. El plan original era que me acompañara hasta Miami, pero en la embajada americana de nuestra ciudad natal no habían entendido nuestro plan. Solo queríamos compartir la travesía entera. Por motivos distintos ambos queríamos hacer el trayecto entero, pero entonces ya era tarde para explicaciones de visado y Eduardo se volvería a Buenos Aires al día siguiente. A partir de allí me tocaría asumir la capitanía completa de la nave por el resto breve del viaje que estábamos casi concretando.

El día anterior, tras el dramático arribo al puerto, me había reencontrado con mi padre, que llego por avión unas horas tras nuestros arribo. Atrás habían quedado los recuerdos de su operación doble. Era el momento de reencontrarnos en el agua, el liquido que nos había unido alguna vez, retomaba su función regeneradora. Atrás quedaba la distancia que nos había separado durante una década. En adelante la nueva relación, de un padre con su hijo al fin se estaba convirtiendo en hombre. Atrás Buenos Aires. Adelante Miami.

La entrada a Dominicana había sido precaria por la condición del barco y la falta de motor. Nos habíamos fondeado cerca de un barco blanco enorme que resulto ser un barco hospital de unos cristianos misioneros a los que conoceríamos esa misma tarde. Al regresar del guardacostas ambos notamos que el barco ya no estaba junto al buque hospital. La tormenta se lo estaba llevando para las piedras y si nos hubiéramos demorado más, el chiste hubiera terminado en tragedia. Unos minutos más tarde le pedimos remolque a una lancha para que nos arrimara al muelle donde dos horas más tarde aparecería mi papa y mi amigo Max.

Esa noche celebramos con una merecida cena típica y muchas Presidente. Se celebraba el arribo, el reencuentro de dos amigos y la despedida de dos compañeros que quedarían unidos por siempre en el recuerdo de las miles de millas recorridas desde la escollera del Club Barrancas. Al mediodía siguiente Eduardo partía hacia Buenos Aires, vía Miami. Lo fuimos a despedir hasta la entrada del puerto donde se tomo un taxi hacia el aeropuerto.

No se derramaron lagrimas, éramos rudos marineros al fin y al cabo, pero cuando lo vi partir me dio una cierta incertidumbre de como transcurrirían las millas que nos restaban recorrer con Max y con mi padre. Acto seguido nos dedicamos a buscar mecánico para ver si era cierto que la maña dominicana era mayor que la de los mecánicos zulú de Barbados.

Todos en el puerto nos recomendaban a Alberto. Ese nombre no me lo voy a olvidar. Como a la hora nos golpearon el casco y un morochito bastante joven se presentó como el mecánico. Estaba de jean y remera, y a las claras se notaba que ya se iba para la casa. Pero un buen mecánico no puede dejar a un motor sin andar. Al menos Alberto no podía.

Con eficaz velocidad desarmo el motor e hizo sus propias pruebas. El jean y la camisa ya no estaban limpias. La verdad es que no se que trucos hizo, pero en menos de una hora tenía el Volvo andando. Yo no lo podía creer. El motor había resucitado. De todos modos Alberto nos dijo que el motor no tenía buena compresión y que lo adecuado sería en Miami desarmarlo y darle una rectificada. Tenía demasiadas horas encima. Le pagamos sus servicios y le dimos una merecida propina.

Antes de que se baje del barco Max le preguntó a donde podíamos ir a celebrar la resurrección del motor esa noche. Alberto no dudó: a La Palmera. La felicidad era plena. El motor seguía recargando las baterías y yo tenía la certeza de que al día siguiente podríamos salir si la tormenta calmaba como estaba pronosticado.

Mientras el motor cargaba fuimos a caminar por el puerto y nos encontramos frente al buque hospital. Un grupo de jóvenes nos sonrió y en correcto ingles americano nos invitaron a subir. Como no teníamos nada que hacer aceptamos. Siempre es interesante conocer los intestinos de un barco gigante. Nos contaron que eran jóvenes misioneros que navegaban por el caribe dando tratamientos médicos a la gente necesitada. Esto sin duda nos cayó bien, a pesar de que hablaran de Jesús y del señor cada quince palabras. A mi papá lo agarro un misionero adulto y a Max y a mi nos dejaron con la juventud. Vi la cara de incomodidad de mi viejo cuando el misionero le empezó a preguntar sobre sus creencias y pregonar la palabra del señor.

Nos excusamos de los misioneros agradeciéndoles su invitación y su labor humanitaria, porque no. El motor seguía rugiendo a dos mil vueltas y calculamos que había sido suficiente. Solo por tentar el destino apagamos el Volvo. A los dos minutos decidí volver a encenderlo para ver si debía insultar a la familia de Alberto o no. No tuve que insultar a nadie. El Volvo volvió a encender sin problemas. Tras la cena a bordo, la prometida salida se hizo necesaria. Mi papá se quedo descansando a bordo y los muchachos salimos de joda.

Paramos el primer taxi que encontramos para que nos llevara. Nos dijo que quedaba en las afueras y nosotros le dimos el OK. La ciudad fue mutando hasta desaparecer. Estábamos en la ruta y el viaje se me hacia más largo de lo que esperaba. De repente el taxi se detuvo en medio de la ruta y vimos el establecimiento que nos había recomendado Alberto. Era un *Nite Club* de ruta, pero algo de bueno debería tener.

Por empezar la cerveza la vendían de a litro y la mayoría de los presentes era del genero femenino. En seguida notamos que las meseras eran cariñosas por demás, pero no nos distrajimos demasiado. Pedimos una segunda Presidente de litro y disfrutamos de nuestra salida. A Max no lo veía desde mi visita anterior a Miami de un año y medio antes. Comenzamos a notar que algunas de las chicas se retiraban con señores en sus carros. También notamos que casi no quedaban hombres y una de las cariñosas meseras nos vino a preguntar si queríamos otra ya que estaban por cerrar. Le pedimos otra nomás. Ni bien nos la trajeron pagamos y las luces se encendieron como en un boliche que cierra. Sería la medianoche, la hora de cierre de los *Nite Clubs* de ruta en Dominicana, se ve.

Quedaban siete chicas, de las cuales tres eran meseras y tres tipos. Uno era el dueño y los otros dos los de la cocina y el bar. Nos miraban todos con cara de que querían irse. No les íbamos a dejar la cerveza, pero si podíamos apurar el trago. Agradecimos la espera con un gesto y salimos al estacionamiento para ver como volvíamos. Cuando nos dimos vuelta, los dos empleados nos pasaron en un ciclomotor y vimos como las siete chicas se metían en el auto del dueño. Los paramos cuando iban de salida, pero no nos hicieron caso. La Palmera ya había cerrado.

Calculo que estaríamos a unos diez kilómetros de Puerto Plata, pero la verdad es que parecía que estábamos en medio de la selva. La ruta se veía desierta y solo atinamos a mover los pies en dirección a la ciudad donde nos esperaba la **Treme**. No podíamos creer lo que nos estaba pasando.

De pronto en el oscuridad de la ruta vimos una lucecita que venía desde atrás. Nos plantamos en medio de la ruta decididos a parar a quien sea. Era un moto taxi. Celebramos su parada como si se tratara de la victoria en un campeonato mundial. Fuimos los tres abrazados como si nos conociéramos de toda la vida. Al llegar al Puerto le pedimos al moto taxista que nos indicara donde más podíamos ir para seguir bebiendo y no dio a entender que nos daríamos cuenta solos. Habíamos regresado a Puerto Plata y eso era lo importante.

Día 90: Puerto cerrado

El plan era salir de una vez. Para ello nos dirigimos a la lúgubre oficina de inmigración del puerto. Allí el oficial nos dijo que primero tendríamos que dar salida con el guardacostas, pero que dudaba que el puerto hubiera reabierto. No podíamos creerlo. Lo inverosímil como versión de una realidad cierta.

Efectivamente caminamos hasta la oficina del guardacostas y allí mismo, en el escritorio de entradas y salidas, nos informaron que durante todo el día el puerto permanecería cerrado para el ingreso y egreso de naves. En verdad todavía soplaba un poco bastante, pero no era nada comparado a las ráfagas que habíamos sufrido Eduardo y yo un par de días antes. En este caso de inmediato nos dimos cuenta de que no era un tema sujeto al debate, sino que nos tocaría acatar la ley. Me acorde de las veces que nos habíamos quedado varados del lado uruguayo (el lado bueno) del *Río de la Plata* cuando el *Puerto de Colonia* se cerraba por una fuerte sudestada o por algún Pampero que se avecinaba.

La demora esta vez nos la dieron los oficiales de la Republica Dominicana. Como no teníamos más que hacer, nos decidimos a caminar por las calles aledañas al puerto. Seguimos por una de las paralelas al mar y pudimos observar la verdadera dinámica de la población en el último día de la semana. Se nos ocurrió que sería una buena oportunidad como para hacer algunas compras que nos harían falta durante la etapa final. Preguntamos dos veces y las dos veces nos mandaron para *La Sirena*, el principal supermercado de la ciudad. Estaba como a diez cuadras del puerto pero el tramo se nos hizo corto con la distracción del ir recorriendo por primera vez una ciudad tan pintoresca.

En *La Sirena* compramos pan y mermelada, más arroz y azúcar y, por supuesto, cantidad de cervezas *Presidente* de litro. Después de todo habíamos vuelto a tener frío en la heladera gracias al gran mecánico Alberto. En el camino de regreso los tres preferíamos parar cada dos cuadras para descansar las manos de la presión de las bolsas de polietileno cargadas. Una media hora más tarde volvimos a pasar por el guardacostas y observamos que había en la puerta un cartel que leía "Puerto Cerrado". No se si estuviera dirigido a nosotros o si era que los oficiales preferían jugar domino adentro mientras se tomaban el día libre gracias al clima ventoso que iba en franco declive.

Una vez a bordo del barco, acomodamos las compras y nos sentamos en el *cockpit* a escuchar música. Mi papa se sirvió un whisky que se había traído de Miami mientras se encendía un puro. Max y yo compartimos una de litro. A decir verdad, estaba disfrutando de esta partida demorada. Ya llevaba tres meses en el agua y el simple hecho de tirarse a escuchar cassettes y tomar algo con un amigo y mi papá no estaba nada mal. Comimos unos sándwiches como para engañar al estomago.

Después del almuerzo mi papá se puso a instalar un pequeño panel solar que se había traído de West Marine para ayudar a recargar las baterías en caso de que el Volvo no arrancara. El motor estaba vivo pero no nos pareció mala idea tener instalado el panel para que recargara los 12 volts durante el resto de las millas a Miami. Una vez terminado el proyecto ya no teníamos nada para hacer, así que nos fuimos nuevamente a saludar a nuestros amigos cristianos del barco hospital. Esta vez subimos directamente y preguntamos por los jóvenes de los cuales aún recordábamos los nombres.

En seguida aparecieron con esa sonrisa bonachona de los creyentes. Esta vez no teníamos la excusa del motor encendido por lo que aceptamos la invitación al *buffet* del barco. Allí nos ofrecieron algo de tomar (sin alcohol, claro esta) y nos siguieron contando sobre la misión del *Caribbean Mercy*. Era un hospital oftalmológico flotante que viajaba por todo el Caribe y Centro América atendiendo a la gente más necesitada. Escuchamos la narración del viaje a Honduras y del gran bien que habían hecho entre la población local con problemas serios en la vista. Entre los pacientes que estaban atendiendo en Dominicana había un amplio porcentaje de niños a los que el buque hospital les había literalmente salvado la vista. Luego cada uno de los muchachos y chicas nos contaron sobre su disímil origen y los motivos que los habían llevado a enrolarse en la misión. Cada uno tenía sus motores pero todos venían de alguna congregación que apoyaba este tipo de misiones y que reclutaba jóvenes para ayudar en el *Caribbean Mercy*.

Al rato vi que mi padre se encontraba otra vez acorralado por el mismo sujeto de ferviente fe del día anterior. Era un gordo con cara de simpaticón y una barba corta y canosa. La sonrisa nerviosa de mi padre no lograba ocultar que se sentía incomodo, pero el gordo simpaticón no leía muy bien sus gestos o creía que su fe era más poderosa que la reticente actitud de mi padre para aceptar a Cristo como su salvador. Allí nos entretuvimos buena parte de la tarde hasta que decidimos invitar a los jóvenes al barco para retribuir su hospitalidad. Unos cuantos bajaron del *Caribbean Mercy* y, para alivio de mi papá, el sujeto de barba blanca se quedo abordo (orando supongo).

A los muchachos les gusto la visita al **Tremebunda** y en seguida me inundaron con preguntas sobre la travesía. Me sentía como un *rock star* del agua en la Republica Dominicana. Bizarro. Cuando vieron que sacamos el mate, nuestros visitantes pensaron que era buena hora para retirarse, dado que no era bueno que los vieran cerca de la droga. Nosotros los despedimos desde la proa y pudimos al fin volver a ser nosotros.

Esa noche hablamos por radio con Zárate y Campana. Julio nos contó que Eduardo se había quedado también varado (como nosotros) en el Aeropuerto de Miami. Se suponía que a su llegada tomaría un vuelo directo a Buenos Aires, pero dicho vuelo se había cancelado por desperfectos técnicos. Por más que le duela al oficial de inmigración de la Embajada en Buenos Aires, mi buen amigo Edu pasó una noche entera en un hotel cercano al Aeropuerto de la ciudad de Miami. Lo curioso de la situación es que no dejaron que viera a mi madre, que quiso pasar a saludarlo, por ser pasajero en tránsito y hasta le pusieron un guardia en el pasillo de su piso para que no intentara escaparse. Otra situación bizarra sin dudas.

Salimos a cenar cerca del puerto y disfrutamos de la última cena sin zarandeos. Contamos chistes y disfrutamos del relax de la noche de Puerto Plata. Era hora de prepararnos para la partida. Mientras mi papa enfilaba para el barco a Max no le costo mucho convencerme de ordenar una ronda de tragos en alguno de esos barzuchos de mala muerte. Mi lógica me justificó: vaya a saber cuando es que pueda regresar a esta ciudad del caribe para compartir unos tragos con un amigo.

Puerto Plata - Miami

Día 91: La última partida

Me despertó mi papa con la noticia de que habían reabierto el puerto. Acto seguido me pregunto por Max, a lo cual conteste que no sabía donde estaba. Lo último que me acordaba eran las interminables rondas de tragos en un bar oscuro. También me acordaba de mi insistencia por volver al barco y en la despedida en la puerta del bar. Cuando llegue tambaleando al barco, mi cuerpo se desplomo en la cucheta de popa sin volver a pensar en el amigo que había seguido de juerga.

Estábamos casi listos a partir, pero primero debíamos encontrar a Max. No tenía idea de por donde buscar, pero algo me decía que ya iba a aparecer. Al rato lo vimos caminando hacia el barco con un café en la mano y un cigarrillo entre sus labios. No le preguntamos de donde venía ni donde había estado. Simplemente lo apuramos a buscar sus documentos para ir a dar la salida del país. Volvimos a la guardia costera donde nos sellaron la salida del barco y de allí a la lúgubre oficina de inmigración que entonces si nos despidió legalmente de Dominicana. Se nos ocurrió que antes de volver al barco podíamos comprar unas cervezas más para no perder el nivel de alcohol en sangre que tanto nos habíamos empeñado en incrementar desde la noche anterior.

Fuimos a un almacén de esquina y mientras ordenábamos las cervezas frías pude ver como preparaban unos pancitos con manteca y queso rallado. No pude resistir la tentación de ordenar alguno de esos sándwiches de manteca y queso para llevar. Cuando llegamos de vuelta al barco nos encontramos con los jóvenes cristianos que habían venido a despedirnos. Nos dieron un abrazo fuerte, como si fueran los discípulos despidiéndose del propio Jesús en la última cena. Mientras soltábamos las amarras y arrancábamos el motor (que no fallo en dar arranque por suerte) nos dieron sus últimas bendiciones con un clásico *"Jesus loves you"*.

Eran las dos de la tarde. Dimos la marcha atrás y vimos por última vez el barco hospital de los cristianos. De seguro seguirían haciendo el bien mientras nosotros navegáramos hacia Miami. En la boca del puerto las olas todavía seguían inmensas. La resaca de la gran tormenta se hacia sentir tanto como la resaca de nuestras sesiones de bebida de la noche anterior. Tuvimos que subirle las vueltas al motor a casi tres mil para poder superar las olas de la entrada y dar salida del Puerto Plata.

Al fin estábamos comenzando la etapa final del viaje. A mi padre lo notaba un tanto nervioso. Hacía más de una década que no navegaba más que unas pocas millas y sin duda era la primera vez en mi vida en la cual me sentía yo el capitán de este barco en el que había crecido. A Max lo notaba un tanto apagado y en seguida nos dimos cuenta que el zarandeo de las olas le había hecho efecto. Le sugerimos que se fuera a acostar para mejorarse. Por adentro yo rogaba que se le pasase pronto ya que es posible pasarse días enteros vomitando cuando uno no esta habituado al mar.

Seguimos a motor como dos horas. Las cervezas se seguían enfriando en la heladera que al fin volvía a estar fría. Al rato aprovechamos a subir las dos mayores para que nos dieran más empuje. Se nos fue la tarde charlando de la etapa y esperando seguir con buen viento. Estábamos felices de haber podido salir a motor. Sin el Volvo, esa salida con las grandes olas de frente en un canal tan angosto se nos hubiera hecho imposible de.

Como a las seis se levanto Max y, por suerte, lo vimos de buen semblante. El motor lo habíamos apagado y navegábamos a pura vela con las dos mayores y el *genoa* entero. Por la radio nos enteramos de que Eduardo había llegado bien a su casa tras la escala técnica en Miami. Hablamos con mi madre en puente a través de Zárate y mientras se acababa la luz del día también nos fuimos acabando los sandwichitos de queso rallado y manteca. Para bajarlos, claro esta, tuvimos que abrir unas Presidente que fueron el único recuerdo tangible que nos habíamos traído de Dominicana a bordo.

Quedaban varios días de navegación a Miami y yo al fin me estaba dando cuenta del acierto que había sido el haber traído a Max. Sería un excelente compañero durante las guardias y de seguro nos divertiríamos bastante con sus ocurrencias. Me fui a acostar temprano para dejar a mi papa y Max de guardia juntos. Les dije que cualquier cosa me despertaran. Me costo un poco dormirme, ya que los escuchaba conversar. Extrañaba el silencio de Eduardo y las charlas tacitas de toda nuestra navegación desde el Plata hasta el Caribe.

Día 92: El pescado de Max

Esa noche hice una larga guardia. Mi papa me despertó como a las dos y lo releve dándole compañía a Max. El barco avanzaba mansamente. A lo lejos se veían luces tenues en la costa de Haití. Todavía no les había golpeado el terremoto terrible del 2010. Nos quedamos hablando con Max por un largo rato. Según recuerdo era casi una entrevista desordenada sobre las millas recorridas, intercalada con comentarios sobre su vida en Miami. Hacíamos muchas bromas y contábamos chistes, pero a decir verdad, los chistes buenos nos los guardábamos para los momentos en que éramos tres. De algún modo los chistes son más graciosos cuando el que cuenta tiene una audiencia mayor a uno.

Como a las tres y media le sugerí a Max que fuera a dormirse. Estaba pensando en que prefería que mi papa estuviera acompañado cuando yo lo volviera a despertar al amanecer. Como estaba cansado no dudó en hacerme caso. En medio de la silenciosa noche, retome el walkman, que era para mí, el receptor predilectos de radios AM y FM. Pude escuchar música haitiana por AM y esta variedad cultural me alegro en las horas de penumbra que me quedaban. Como a las seis vi asomarse a mi viejo y supe que era hora de ir a descansar.

Me tire en el camarote principal en el que había estado durmiendo mi papá. La principal ventaja de este camarote era la oscuridad y el aislamiento sonoro que proporcionaba. Ese camarote era una micro cápsula para escapar del viaje por un rato. No me costó nada quedarme dormido, a pesar de la claridad que entraba por la ventanita.

Alrededor de la una reaparecí en el *cockpit* con la mente y el cuerpo totalmente renovados. Max y mi viejo ya compartían una Presidente. En seguida Max me dijo que le parecía una excelente oportunidad para dedicarnos a pescar nuestro almuerzo. La noche anterior le había contado sobre los pescadotes que habíamos sacado con Edu y con mi hermano. Lo primero que hice antes de contestar fue observar el GPS. Dentro de uno de sus menúes digitales, contaba con un indicador de actividad *solunar*, que puede traducirse como un medidor del pique. Le informe a Max que el pique estaba bajo y que no valía la pena arrastrar el señuelo sin amplias posibilidades de pescar algo. Max insistió que   igual le parecía que sacaríamos algo y que ese GPS (que nos había traído desde Argentina) no sabía nada de pesca. Le di alguna otra excusa, pero insistió tanto que lo mejor fue prepararle la caña y el señuelo para que me dejara tranquilo y se sacara las ganas de intentarlo.

Me fui adentro a ver la carta mientras calentaba el agua para unos mates. Estábamos al través de la *Isla de la Tortuga* cerca del extremo Noroeste de la isla de *Hispaniola*. Dos minutos más tarde sentí el grito. Max había agarrado algo.

- *¡Te dije que no sabe nada ese GPS!* - , me decía Max mientras reía con su risa típica y recogía los cien metros de tanza que habíamos largado.

Soltamos las escotas para que el barco desacelerara y fuera más rápida la recogida. En tres minutos lo tuvimos ahí: una dorada mediana que nos serviría de almuerzo. Max estaba súper contento y seguía denigrando al Garmin. Yo le decía que había tenido suerte, pero el me contestaba que el en *póker* y en la pesca, la suerte no existe. Yo estaba en desacuerdo con su afirmación pero no quise discutirle más viéndolo tan feliz con su tangible logro deportivo.

La dorada era la mitad de largo que aquella que habíamos sacado con Eduardo e Iñaki cerca de Suriname, pero sin duda serviría para alimentarnos con comida fresca. La diferencia de tamaño hizo que fuera más sencillo *descamarla* y ponerla a la plancha, una recomendación del Chef Gerva que ya tenía experiencia en preparación de pescados a bordo. Todavía hoy nos acordamos cada tanto del día de la pesca de la dorada, de nuestras diferencias acerca de la importancia de la suerte y de la preponderancia de la intuición por sobre la señal de los satélites.

Almorzamos dorada a la plancha como a eso de las cuatro. Como era de esperar, nuestro almuerzo, acompañado de las últimas cervezas dominicanas que nos quedaban, estuvo delicioso. Hacia el fin de la tarde mi papá se sirvió su ritual whisky mientras Max y yo lo acompañamos con un *Ron Brugal*. Sin duda en esta etapa había tomado mucho más que en los tres meses anteriores juntos. Dime con quien andas y te diré que bebes. Cuando el hielo ya estaba derritiéndose encendimos la radio para que Julio García le avisara a nuestros parientes que seguíamos bien. La conversa duro un buen rato y mi papá se quedo dándole charla a Julio (a quien nunca le faltaban las ganas de hablar sobre cualquier tema).

Al terminar la hora de radio decidimos volver a encender el Volvo para recargar las baterías. Sucedió lo que era de esperar, pero que ninguno de los tres había anticipado. El motor no quería volver a arrancar. Intentamos dos o tres veces y luego sugerí que lo dejáramos descansar (como si fuera un atleta) para ver si al día siguiente Don Volvo se dignaba. Al igual que el día anterior deje a mi papa y Max de guardia para hacerle honor a la madrugada que me había acompañado desde Buenos Aires.

Día 93: La costa de Cuba

Me levanté con la costa de Cuba a la vista. Estábamos cerca de la *Punta de Guárico*, en el oriente de la isla. Durante la noche habíamos dejado por estribor a la isla de *Great Inagua*, a la cual no pudimos ver ni tampoco visitar como hubiera sido mi deseo si la etapa del Caribe hubiera sido navegada con más tiempo disponible. A babor teníamos la isla más grande del Caribe. Una isla encantada por el tiempo y el régimen de Castro. Todavía Fidel seguía en el poder, y todavía su nombre es mala palabra en Miami. También me hubiera gustado conocerla hace una década para poder observar de primera mano lo que muchos me contaban de ambos bandos.

Lo cierto es que ya entrábamos en el *Old Bahama Channel* y la corriente nos seguía empujando hacia nuestro destino. Esperábamos llegar el día 10 a Miami si las condiciones seguían así. El viento nos pegaba de popa redonda y el barco avanzaba sin problemas. El *genoa* abierto en oreja de burro ayudaba a recorrer las millas sin esfuerzo. Los tres nos habíamos habituado al ritmo del mar, aunque mis dos nuevos compañeros no dejaban aún sus actitud de visitantes del agua. Yo, a esta altura, ya me sentía parte del océano y el océano me aceptaba como a un simbiótico ser sobre sus crestas, del mismo modo que el tiburón acepta a la rémora y el buey al pájaro en su lomo.

Almorzamos los restos de la dorada que había pescado Max el día anterior, pero ese fue el final de nuestro alimento fresco. Tras el almuerzo volvimos intentar darle arranque al motor pensando que la recarga de las baterías con los dos paneles solares instalados podría darnos algo de poder extra para hacerlo arrancar. Nuestras ilusiones se desmoronaron en el segundo intento. Teníamos suficiente batería como para darle arranque pero el motor tenía un problema de compresión que no íbamos a poder solucionar a bordo. Lo extrañamos a Alberto, el mecánico estrella de Puerto Plata. Una vez que aceptamos que ya no íbamos a tener motor, ni recarga de baterías, ni frío en la heladera, nos relajamos y empezamos a hablar sobre la llegada.

Mi papá, con su capacidad previsora, había contratado un servicio de remolques en el agua que se llama *SeaTow*, previendo que era posible que llegásemos a Miami sin la ayuda del Volvo. Cuando estuviéramos cerca llamaríamos al *SeaTow* y nos entraría a remolque de ser necesario. Si el viento fuera favorable podríamos entrar por el sur de Key Biscayne y pedir remolque en Biscayne Bay. De todos modos todavía quedaban muchas millas por recorrer.

Durante la tarde tomamos mates y hablamos sobre la vida y las millas recorridas. Aprovechamos para contar los buenos chistes que requieren una audiencia de dos al menos. A mi papa lo veía contento. Estaba recuperando al hijo prodigo que retornaba de su vida alocada en el sur. El hijo también estaba feliz de recuperar al padre que le había dado el susto de las operaciones un par de años antes. Era el mismo padre que le había enseñado a escuchar música y a sentarse en silencio en el living. Era el mismo, que con dolor, lo había dejado volar por sus propios medios una década antes. Max era el testigo involuntario de esta reunión poco ceremoniosa en medio del canal por el que muchos cubanos habían flotado en balsas soñando con un futuro mejor.

En ese mismo canal nuestro barco avanzaba entre los cruceros de lujo que nos pasaban repletos de turistas que comían sin siquiera notar nuestra presencia en la distancia. Unos pocos, imagino nos habrán visto y habrán pensado: ¿Que hacen estos locos tan lejos de toda civilización? Desde la cubierta yo me preguntaba mientras miraba a los cruceros: ¿Que hacen esos locos flotando tan lejos del mar?

Día 94: Cayos

Seguíamos avanzando a buen ritmo a pesar de que el viento había rotado un poco hacia el noreste. La corriente nos seguía empujando por el Canal de *Old Bahama*. A estribor teníamos los bancos de la Gran Bahama y a babor la costa de los cayos del norte de Cuba. No se veían construcciones, ya que los cayos en cuestión, están deshabitados. Estaba tranquilo de poder hacer este tramo de día, ya que transitábamos un relativamente angosto canal con amplio tráfico naviero.

Max se había quedado hasta tarde conmigo en la guardia y todavía dormía cuando empezamos a preparar el almuerzo. Creo que era el turno del nunca bien ponderado arroz a la Gervasio (el cual casi siempre incluía arvejas y tal vez alguna otra sobra).

Mientras cocinaba me acorde de las toneladas de arroz que me habría cocinado durante toda la década anterior. Sin duda mi especialidad en el arroz provenía de las horas de cocción y experimentación discurridas en la calle Uspallata, cerca de la avenida del Libertador. Recordaba con particular apego el plato que había denominado, con una destreza poética bastante admirable, como "mazacote". El mismo se constituía de restos de arroz, carne, verduras y lo que fuera que encontrara en la heladera, unidas con dos huevos y puesto a cocinar durante una hora en el horno. Luego se cortaba y se lo comía como galletas, a horas disimiles.

Lamentablemente el hornito del **Tremebunda** no me daba la posibilidad de prepararle un "mazacote" a Max y a mi papá. Para cuando Max se levantó, el arroz ya estaba listo. No nos quedaba dorada, pero Max tenía la convicción de que tras la ingesta de arroz pescaría algo. Esta vez no atiné a discutirle y ni siquiera mire el GPS, dado que sabia que no tendría sentido tratar de disuadirlo. En cierto modo, este tipo de actividades inútiles, eran a la vez un pasatiempo y una excusa para soñar con otra comida fresca. El señuelo se estuvo bañando en aguas cubanas durante una hora al menos hasta que Max se convenció de que no había pique por sus propios medios. El GPS se reía por dentro mientras lo veía recoger los metros de tanza que había largado.

Más tarde volvería a intentarlo y su desdén por el orden de los astros y su relación con los seres vivos subacuáticos le costaría caro. No volvería a pescar nada en lo que quedaba del viaje. Dormí una siesta sabiendo que la guardia de la noche sería larga como en las noches anteriores. Me levanté con la sensación de que faltaba poco para llegar y, de algún modo, me sentía más nervioso que cuando salimos hacía más de tres meses.

Era un temor a fallar estando tan cerca de la línea de llegada. Una preocupación inútil que no podía borrar de mi cabeza. El hecho de no tener motor era lo que más nervioso me ponía. Agregado a esto la falta de práctica de mi padre y la inexperiencia total de Max no ayudaban a tranquilizarme. Como buen capitán no demostré ni siquiera en parte, esta duda existencial a mis dos tripulantes.

Era mi deber el hacerlos llegar a Miami sanos y salvos. Como sea habríamos de llegar. Hablamos brevemente por radio para informar a los nuestros que nos encontrábamos bien. Entonces el negro Lastiri nos comunicó algo que justificaba mi preocupación, al menos en parte.

Teníamos, a unas cuatrocientas millas al norte, un frente frío que venía a nuestro encuentro. Mientras nosotros avanzábamos acariciando los cayos de Cuba, el frente se hacía sentir en los parques de Disney de Orlando. Ese aire fresco que helaba las narices de los turistas en esas filas interminables, venía con furia a nuestro encuentro. El pronóstico daba que llegaría el día 10, justo cuando nosotros esperábamos estar llegando a Miami. Por un momento supusimos que no iba a llegar a golpearnos, dado que si se mantenía nuestro avance, el frente nos agarraría solo en la recta final. El problema era que al día siguiente (el día 9) se pronosticaba una calma total, lo cual nos dejaría parados (nuevamente) a la espera del frente maligno.

Le agradecimos a Lastiri por su información y empezamos a

ver que podíamos hacer. No había ningún puerto a la mano. Intentaríamos seguir avanzando mientras nos lo permitiera el viento. La realidad era que no teníamos nada que hacer: solo restaba aguardar al frente con la paciencia del monje. Esa noche me quede de guardia yo solo hasta la madrugada. Mi padre y Max se acostaron temprano. Con el correr de las horas sentí con resignado desencanto el pronostico haciéndose realidad. El viento iba decreciendo y rotando al norte. El avance del **Tremebunda** ya era francamente lento, pero al menos, aún nos movíamos.

Día 95: La última recalmada

Era el día en que nos debíamos acercar a nuestro destino final. En nuestros planes no estaba el frente, ni el viento ausente que nos iba a tocar. El plan era avanzar, pasando entre las Bahamas y ese banco gigante en forma de triángulo que esta al norte de Cuba.

Hacia el fin del día estaríamos viendo la costa americana y al día siguiente entrando triunfalmente a la bahía final. Pero las cosas en el agua no se dan como uno las planea. El océano tiene una voluntad propia que se le impone a los que deciden habitar en su dominio. El barco esta en las manos de Poseidón, y entre esta figura mitológica y el renombrado Eolo, se decide el destino de miles de navegantes que dependen de su suerte y de la voluntad del mar.

Ese día la voluntad del mar era que nos quedáramos inmóviles a la espera de la tormenta que se nos acercaba como un regalo de despedida del Atlántico. Como a media mañana abrí un ojo y noté que el barco apenas se movía. Salí y pude observar las mayores apenas infladas. Avanzábamos a tres nudos, pero de seguro dos de los tres eran a causa de la corriente. Aún no habíamos ingresado en la corriente del Golfo, pero igual el agua nos llevaba deslizando sobre esa mágica alfombra acuática que son las corrientes marinas.

Pasado el mediodía tuve el primer *Deja Vu* de la travesía. Las velas comenzaban a golpear contra los *obenques* y a crisparnos los nervios más por el saber que adelante había un frente que venía, que por el apuro de llegar. Yo sentía que había llegado hasta la vereda de enfrente de la casa que venía a visitar, pero ahora me encontraba sin poder cruzar esa calle llena de charcos.

Me acordé de Edu y del mal humor que nos había provocado esa calma al norte de la Mona. No podía creer que solo una semana más tarde me estaba volviendo a suceder lo mismo a tan pocas millas de llegar. El barco sin motor, las velas golpeando y el frente que se acercaba para golpearnos. Según el pronostico este no sería tan duro como el que nos había agarrado antes de entrar a Puerto Plata, pero de seguro iba a soplar bastante.

Al día siguiente de seguro tendríamos un día *"para tocar trompeta"*, parafraseando a mi amigo baterista, Morris Iglesias. Le dije a mi papá que lo mejor sería bajar las mayores para que no se rompieran en ese golpeteo contra las crucetas y los obenques. Además nos daría paz a los oídos, que ya se habían agotado de escuchar el ruido inconfundible de la vela desinflada que frustrada por la falta de viento se auto flagelaba contra el metal.

Cuando bajamos las mayores el cielo termino de cubrirse.

Encima nuestro ya teníamos las nubes que preceden a la tormenta. Son las precursoras que llegan desde lo alto a ver como esta el escenario de la futura destrucción. Lo único que me alegraba eran los dos nudos de corriente que nos seguían empujando. Por suerte no teníamos ninguna masa de tierra cerca y el peligro de pegarle a un banco era escaso. A Max ni se le ocurrió hablar de pesca. Tal vez hicimos alguna broma al respecto, pero de seguro el señuelo que tanto nos había alimentado pasó al retiro definitivo a partir de ese día.

La paciencia era lo único que necesitábamos. De algún modo, esta cercanía al destino final me había aminorado los restos de mi haber de paciencia. Para decirlo más claramente: mi humor no estaba nada afable y en varias ocasiones conteste de mal modo a mi padre. Max, por supuesto, no sufrió tanto mi mal humor, pero tampoco pudo disfrutar de ninguno de mis chistes.

Por la tarde buscamos desesperadamente pronósticos a través del BLU y el VHF. Queríamos saber de que tamaño sería el gigante al que debíamos confrontar. Según los reportes, era fuerte y robusto, pero no tenía duda de que podríamos hacerle frente. Tal vez soplarían 30 o 35 nudos, algo que sabíamos el barco podía tolerar sin problemas. Mientras caía el sol nos conectamos con Zárate y le pedimos a Lastiri que le avisara a mi madre sobre la demora que traíamos. Inicialmente habíamos calculado un arribo para el día siguiente, pero la demora de habernos quedado boyando durante casi todo un día haría que llegáramos más tarde de lo esperado. En todo caso, el mensaje era que no se preocupara, que ya se había preocupado bastante y que no hacía falta que lo continuara haciendo. Igual se siguió preocupando y hoy desde mi paternidad logro comprender su preocupación mucho mejor.

Durante la noche se levanto una brisa leve que pudimos aprovechar subiendo las dos mayores nuevamente. A cada instante mirábamos al horizonte para ver si veíamos a algún crucero y para estimar cuanto faltaría para el arribo de la tormenta. Me quede de guardia esperando el viento fuerte, pero este no llego durante la noche. Habría que esperar al amanecer para enterarnos de quien era ese frente que venía a sacudirnos. Mis nervios no habían disminuido y la ansiedad hacía que no pudiera irme a dormir, pero llegadas las cuatro vi salir a mi papa para relevarme. Pensé que lo mejor sería ir a descansar, ya que el día que teníamos por delante no sería nada fácil. Faltaban ochenta millas para llegar, pero eran las ochenta millas más largas del mundo.

Día 96: El frente frío

Las primeras rachas llegaron al amanecer y me tuve que levantar antes de lo planeado para ayudar a mi papá a tomar dos manos de rizo en cada mayor. Antes el ya había enrollado la mitad del *genoa*. Lo primero que note al salir era la baja temperatura de aire. Desde que había salido de Buenos Aires, 95 días antes, no había sentido un aire tan helado como este. De seguro había cobrado frigorías en los grandes lagos, luego en las montañas de *West Virginia* y un poco más en las Carolinas. Ahora sentíamos un poco la sensación de los que sufren el frío, aunque el frío no fuese lo que más nos molestaba.

El principal problema era que el viento venía justo de la dirección en la que se encontraba Miami. Estábamos relativamente cerca, pero la línea recta no era una opción. Entonces comenzamos la bordejeada eterna, que nos metería en la corriente del Golfo. Las olas comenzaban a establecer su intención de hacernos pasar un día agitado. Pero no habíamos visto lo que eran capaces de hacer, para eso faltaba. Se levanto Max sorprendido por los pantoques de la nave contra las incipientes crestas.

El timón de viento seguía comportándose a las mil maravillas, pero no podía hacer milagros. Los bordes a Miami y el lento avance no nos los podía evitar. Las nubes cada vez más grises hacían que la vista se asemejara a la de una película donde el desastre esta siempre cerca. Cuando habían pasado un par de horas decidimos virar y apuntar hacia Bahamas para ver si el rumbo nos daba un poco mejor, pero era inútil: el **Tremebunda** nunca había sido bueno para eso de tirar bordes. Lo sabíamos desde el viaje inaugural, en el que tuvimos que bordejear desde Montevideo hasta *Juan Lacaze* con un pampero encima (que en cierto modo me hacia acordar a las condiciones reinantes en la corriente del golfo). Tampoco lo había hecho bien en la segunda regata a Mar del Plata, cuando nos agarro aquella sudestada de verano frente a *Pinamar*.

El viaje había transcurrido sin mayores tormentas. La de Dominicana había sido sin duda la prueba de fuego. Lo malo de sentir el golpe de otro frente era que ninguno de los tres estábamos mentalmente preparados para afrontarlo. Nos habíamos creído que llegaríamos fácil a Miami, pero el destino no te la juega limpio. Quiere ver si de verdad tenés ganas de llegar. Quiere corroborar que los huevos no los perdiste en el camino. No teníamos otra que seguir adelante y tirar mil bordes si hiciera falta. El **Tremebunda** iba a llegar tarde o temprano a Miami, tal como lo habíamos planeado un año antes junto a mi padre.

Hacía más de una década que yo soñaba con este arribo demorado. En ninguna oportunidad se me ocurrió que llegaría con este viento helado en la cara. Sin duda la protección de la chubasquera, la cual ha brillado por su ausencia en todo este relato, fue clave para poder soportar las ráfagas, los salpicones y el frío.

Al mediodía solo calentamos agua para tomar una sopa instantánea cada uno. Max se hallaba más callado que lo de costumbre. Todos lo estábamos, pero en Max era más evidente. Todas las tormentas tornan a los navegantes en seres taciturnos que contemplan la vida y el trayecto de un modo distinto sintiendo a cada instante que algo puede salirse del plan. Yo seguía orando por la resistencia de los materiales. El motor ya había abandonado y nuestro único empuje eran esas velas con tantas reparaciones y tantas millas encima. El logo de los Gianotti ya se había despegado de ambas mayores, pero su amor por la fabricación de velas seguía impregnado en las dos velas que se mantenían originales desde el '86.

A mi papá lo veía un tanto preocupado. El cansancio se nos notaba a todos, pero tal vez a mi padre que había estado despierto desde la madrugada se le notaba un poco más. Le sugerí que fuera a descansar, que yo podía seguir la navegación con Max. En todo el día no nos cruzamos con un solo barco de carga ni crucero de turistas. Era como si todos supieran que no era un lindo día para navegar. Nosotros también lo sabíamos pero no podíamos hacer nada para salir de la situación en la que estábamos.

Aún no podíamos ver la costa americana, ni tampoco ningún islote de las Bahamas, pero definitivamente sentimos un cambio en el agua. estábamos en la corriente del Golfo. El agua era límpida, de un azul muy intenso. Al mirar el GPS podíamos notar como el barco acelero y cambio el rumbo producto de la corriente. No nos dábamos cuenta, pero estábamos sobre la cinta transportadora más grande del mundo. Miles de navegantes la había utilizado en sus cruces oceánicos y muchos elementos flotantes habían llegado a Europa gracias a ella.

Ahora el **Tremebunda** se deslizaba sobre la afamada corriente. Las condiciones nos regalaban millas por un lado por medio del empuje de la corriente, pero a la vez nos complicaban el avance con las inmensas y desproporcionadas olas. Estimo que soplarían unos treinta nudos de viento constante, pero las olas eran mucho más grandes de lo que era predecible que ese viento pudiera generar. Lo que estaba sucediendo era que los treinta nudos golpeaban el agua que iba en la dirección contraria a cinco nudos. En este choque se levantaban las aguas más de lo común. Bastante.

Mi papá se levanto de la siesta y no podía creer el tamaño de esas crestas que nos rompían sobre cubierta. Max y yo estábamos empapados a pesar de habernos puesto los trajes de agua. Mientras mi papá subió al *cockpit,* yo bajé a secarme un poco y a observar nuestra posición sobre la carta digital. Todavía estábamos lejos. La ilusión de llegar hoy se iba desvaneciendo. Solo un repentino cambio de viento podía hacernos llegar ese mismo día, pero ni lo mencioné dado que no era factible que sucediera.

Me calenté unos mates para ayudar al cuerpo a recuperar los 38 grados. Prendí la radio VHF y probé suerte en ver si podía contactar al guardacostas americano. No me contestaron en el primer intento, lo cual me sorprendió. No podía pensar que los de la guardia estaban tomando mate como yo, o rascándose (aunque era una posibilidad). Simplemente aún estábamos demasiado lejos. Al rato, luego de cebarle unos mates a mi papá, volví a intentar el llamado por radio. Esta vez si me atendieron. Me pidieron todos los datos de la embarcación y de los tres tripulantes. Una vez que anotaron todo me dijeron que anotara un numero de teléfono del tipo 1-800. Me dijeron que a nuestro arribo debíamos llamar al numero para dar la entrada al país. ¿Pero acaso no iban a venir a escoltarnos, a revisar la embarcación o mirarnos las caras? No, solo había que llamar al numero y después ir al puerto de Miami. Le explique que no teníamos motor y que pensábamos parar en Key Biscayne. Entonces me pregunto si teníamos auto. Le dije que si, el auto de mi papá. Entonces me dijo que lo mejor sería ir en auto al puerto.

Inaudito, pero muy conveniente para nosotros. Mientras la guerra de Irak había estallado hacía solo dos semanas, nosotros entrábamos al estado con el mayor aparato de prevención del terrorismo navegando lo más tranquilos. Tranquilos es un decir, ya que el frente y las olas nos habían restado toda tranquilidad posible. Cuando empezó a oscurecer los tres ya habíamos internamente asimilado la realidad de que no íbamos a llegar ese día a Miami. Estábamos un poco más cerca luego de los doscientos bordes que habíamos tirado.

Hablamos por radio con Zárate y le pedimos a Lastiri que le avisara a mi madre que no llegaríamos tan pronto. Lo más probable era que llegáramos al día siguiente antes del amanecer. Lo saludamos con cariño a Lastiri, ya que tanto él como Julio García habían sido nuestro principal apoyo en tierra a lo largo de los 95 días de viaje. Al día siguiente esperábamos no llamarlo más. Estaríamos en tierra.

Día 97: La llegada

Hoy por la mañana, mientras iba en bicicleta al trabajo, pensaba en porque era que el viento era tan inconsistente con mis deseos. Como a las nueve note, a la altura de Biscayne y la 50 que soplaba una agradable brisa del este. Hace una década, el viento del noroeste nos hacía imposible la entrada. Nos habíamos pasado el día anterior anticipando el arribo entre borde y borde.

Mientras nos acercábamos a la medianoche, vimos las luces del sur de Miami en el horizonte. Me parecía increíble, que ese destino lejano al cual apuntaba desde hacía 95 días, estuviera al alcance de la vista. Por algún motivo, en lugar de estar alegre, estaba muy nervioso. Tenía miedo de que algo saliera mal en esta recta final. Con mi papá ya habíamos acordado que cuando el GPS nos dijera que estábamos frente a Key Biscayne, llamaríamos por radio VHF al servicio de *SeaTow* que él había contratado para que nos venga a buscar.

Ya se, no era una entrada muy triunfante el entrar a remolque, pero de todos modos nadie iba a vernos en medio de la noche. La corriente del Golfo nos empujaba más fuerte que nunca. Recuerdo que en un borde hacia afuera, como a la 1 AM el GPS nos decía que avanzábamos a 12 nudos. Cuando mirábamos al agua estimábamos que iríamos a 7, por lo que la corriente nos estaba empujando a 5 millas por hora hacia Europa. Los nervios tenían razón de ser: estábamos sin motor y las ráfagas del frente seguían superando los 30 nudos. Las olas, entre tanta corriente eran de al menos 3 metros de altura y tanto el **Tremebunda**, como nosotros tres estábamos completamente agotados y húmedos.

En general dejábamos a uno mirando afuera mientras los otros dos descansaban en el camarote de popa. Faltaba tan poco que no era momento de irse a dormir. Sería la una y media cuando sentí el ruido en la proa. No recuerdo que, pero algo imprescindible se había soltado. Pudo haber sido el enrollador o un grillete. Lo cierto es que el barco quería ponerme a prueba una última vez. No se veía nada, pero me tocaba ir a la proa en esa brutal marejada.

Prendimos las luces de cubierta para que pudiera caminar con más confianza. Me puse el arnés y me arrastre hasta la mitad del barco. Se me ocurrió mirar hacia atrás como sabiendo de que algo no estaba en su lugar y entonces vi a mi papá caminando por la banda de sotavento sin estar atado. Creo que quería observar mejor mi maniobra para verificar que yo estuviera bien. Volví hacia la popa como una tromba. Hasta ese momento nunca le había gritado a mi padre, pero este era el momento para hacerlo.

Recuerdo, con vergüenza mi garganta gritando a tope :

- ¿Que estas haciendo? ¡ Anda para el cockpit ! -

Nunca más volví a gritarle así a mi padre, pero en ese momento la ira se apoderó de mi. Yo estaba atado con toda la seguridad y las 7000 millas en mi haber. Cuando lo vi sin atarse en medio del temporal, la iracunda pasión se apodero de mi. De haber caído al agua en medio de esa noche oscura, este libro no existiría, o hubiera sido otro.

Regresé a la proa a reparar el desperfecto. En cinco minutos volví al *cockpit* completamente empapado. Lo único positivo era que el agua que me pasaba por arriba era la cálida de la corriente. El aire seguía frío por lo que decidí ir a cambiarme tras regresar a la popa. Las luces de Miami cada vez se veían más claras y antes de las dos prendimos el VHF para llamar al *SeaTow*. Por suerte tenían a alguien de guardia en Key Biscayne. Nos pidieron la posición y nos pidieron que dejáramos las luces encendidas y la radio en alerta.

Era imposible entrar a vela, así que esperamos con el rumbo apuntando a Key Biscayne la llegada de nuestro remolque. Los tres mirábamos por sobre la chubasquera para detectar cualquier movimiento. Como media hora más tarde vimos una luz a la distancia. Era una sirena color amarillo y supimos que era nuestro remolque llegando al rescate. Las olas nos seguían moviendo como a una coctelera y la corriente ya nos había empujado hasta la altura del puerto de Miami.

Cuando se aproximó vimos que se trataba de un bote inflable de unos cinco metros. Enseguida pensé que se le iba a complicar remolcar al **Tremebunda** en esa tormenta. Por suerte mi cálculo inicial estuvo un tanto errado. Me fuí de vuelta a la proa, pero esta vez con menos movimiento. Ya habíamos bajado la mayor y enrollado el *genoa*. El muchacho del gomón amarillo me tiro un cabo bien grueso. Calculo que al menos tenía 4 pulgadas de espesor. Me dio a entender que lo atara al mástil de adelante, que era el punto más fuerte para dar remolque sin problemas. Una vez que até el cabo regrese al *cockpit* en donde mi papa y Max también aguardan ansiosos para ver que tal se las arreglada el *SeaTow* para remolcarnos en esta tempestad.

Sentimos el ruido del motor del bote dándole marcha unos 40 metros más adelante. El **Tremebunda** empezó a avanzar sin problemas. La verdad es que el motor fuera de borda del bote amarillo tiraba más de lo que yo suponía. Apagamos las luces de cubierta para ver mejor al bote que nos remolcaba. Por primera vez en varios días, desconecte el sistema del timón de viento y decidí llevar el barco a mano, siguiendo la estela del bote inflable. En ese momento, y a pesar de no haber arribado todavía, mis nervios se relajaron. La sonrisa volvió y le di una palmada a mi papá en la espalda. Menos mal que había contratado al *SeaTow* o si no, nos hubiéramos pasado una mala noche allí afuera sin poder entrar a Key Biscayne.

Estaríamos a unas cinco millas de la costa aproximadamente. Avanzábamos rápido y las luces que veíamos a lo lejos se iban convirtiendo en edificios claramente definidos con el correr de los minutos. Pasadas las tres dejamos el faro de Key Biscayne por estribor. Ya estábamos al resguardo de la isla y las olas ya habían desaparecido por completo. Pasamos cerca de las mansiones en las que la gente adinerada dormía. No podía creer que mi destino final estaba a tan solo unas pocas millas. Volvieron a aparecer las bromas de Max y también las sonrisas de mi padre. Estábamos a punto de lograrlo y ya nos estábamos creyendo esta realidad del arribo. No me importaba el remolque o la noche cerrada. Lo importante era llegar y punto.

A eso de las tres y media el remolque se detuvo y se acerco a nuestra banda. Quería saber en cual bahía de Key Biscayne debía meterse. Mi papá le dio indicaciones de cómo llegar a la casa en la que dejaríamos el **Tremebunda** por un tiempo. Era la propiedad de un amigo de Steve, un hombre con el que mi padre había entablado amistad a través de los veleros. La casa de J.J. Donahue era el destino y lentamente entramos en esa pequeña bahía en la que todo era calma.

No había casi viento y el agua era un espejo. Avanzamos casi hasta el fondo cuando mi papa pudo reconocer la casa de J.J. El bote nos arrimo hasta el muelle y allí Max saltó a tierra para tomar los cabos que le fuimos tirando para dar amarre final. Mientras, el muchacho del bote se quedo *abarloado* a nuestro lado y tras haber amarrado el barco le pidió a mi papá que le firmara un papel para dar constancia de su servicio. Le agradecimos infinitamente, como si nos hubiera rescatado de la muerte.

Habíamos llegado. El **Tremebunda** estaba al fin en Miami. Nos quedaba tan solo llegar al departamento en el que vivía mi familia. Hace una década casi no había celulares, por lo que la única opción era cerrar el barco y caminar las veinte cuadras hasta la casa de mi papá. La sensación de realización de estar al fin caminando a las cuatro de la madrugada por medio de Key Biscayne era indescriptible. El sueño se había concretado y ya nada podía salir mal. El destino había sido alcanzado.

Tras la caminata llegamos al apartamento de *Key Colony* en el que mi hermana y mi madre dormían. Golpeamos la puerta. Un minuto más tarde las mujeres de la casa nos recibieron en camisón. Mi mamá emocionada me dio un abrazo de esos que nunca se olvidan. Los dos nos acordamos de las diez veces que me había ido a despedir al aeropuerto durante la década pasada. Estaba el hijo prodigo golpeando a la puerta de la casa. Había al fin decidido regresar donde mi familia para rearmar de una vez por todas mi vida.

Día 98: La celebración del arribo

El día anterior habíamos arribado a Key Biscayne en medio de la madrugada. Luego del emotivo encuentro con mi mama y mi hermana me tiré a dormir agotado. Después de 95 días y medio, mi cuerpo al fin descansaba en un colchón completamente seco. Creo que me acosté como a las cinco y media. Mi cuerpo no daba más, ya que hacía veintidós horas que estaba despierto. La lucha contra el frente frío que nos había dado batalla antes de l arribo nos había agotado a los tres.

Tras levantarme, como a las dos de la tarde, llame al numero 1-800 que me había indicado el operador de radio del *Coast Guard*. Este llamado era en cierto modo el regreso a la civilización. El retorno a una vida con tecnología, automóviles, rutas de cemento armado, el papeleo y   el celular. La voz automatizada en el   teléfono me hizo aguardar seleccionando opciones. Al cabo de unos minutos me atendió una voz humana que me tomó nuevamente los datos y me indicó como llegar hasta la oficina de inmigración del puerto de Miami, en la que nos darían ingreso al país de forma oficial.

Me seguía sorprendiendo que en plena guerra de Irak, en su momento más violento, el ingreso a los Estados hubiera sido tan sencillo. Bajamos al estacionamiento y fuimos con mi papá y con Max hasta el Puerto de Miami donde, más rápido de lo que me esperaba nos dieron ingreso al país. Mi visa de trabajo entraba en vigencia y a partir de ahora no habría más agua debajo de mi pies. Este sello en el pasaporte decía que estaba aquí para trabajar, para ser un miembro productivo de esta sociedad de consumo. No me entristeció en lo más mínimo el aceptar este cambio de status para el cual me venía preparando desde hacía meses.

A decir verdad, ya estaba un poco harto de siempre navegar pensando en la llegada. Tenía la sensación de que había cruzado la meta de esta maratón de siete mil millas. Alguien me dijo que la distancia recorrida era exactamente un tercio de la circunferencia de la tierra. Tres viajes de estos igual a una vuelta al mundo, que bien. Igual me quedo pensando en que ese sueño de la vuelta al mundo no se aplaza para siempre. Siento como que la travesía de Buenos Aires a Miami fue el test que me da la confianza para seguir soñando con la vuelta entera. Claro esta que este segundo sueño ha de quedar en el tintero hasta que los hijos crezcan y las responsabilidades sean menos.

Mis padres habían organizado una fiesta de bienvenida que se hizo al día siguiente de nuestro arribo a Miami, el 12 de Abril del 2003. Ese sábado regresamos al barco para ver como había quedado todo. Recuerdo que lavamos todo con agua potable, cortesía de J.J, el dueño de la casa en la que habíamos amarrado temporalmente al **Tremebunda**. Luego secamos las sentinas y ordenamos las velas. En un par de horas el barco parecía otro.

Quedaría en esa casa hasta que mi padre, unas semanas más tarde consiguiera lugar en la marina del *Rusty Pelican*, saliendo de *Key Biscayne*. Antes deberíamos ver como reparábamos el motor, pero ese es tema para otro libro. Dejamos el barco seco y limpio. Hacia meses que el **Tremebunda** no se daba una ducha de agua dulce y secretamente se que aún extrañaba al Río de la Plata que la había visto crecer. Desde las tardes de verano del '85 dentro del astillero de *Chiappinni*, hasta su larga estadía en el arroyo *Ñacurutú* luego de la partida de mi familia a Miami, el barco se estaría acordando de su historia de 18 años en la Argentina.

De algún modo los últimos tres meses habían sido el punto cúlmine de su carrera. Este viaje era mi sueño pero también era el sueño de ella. El **Tremebunda** quería reencontrarse con la familia de la cual había sido parte desde su botadura en 1986, el año en que Maradona nos llevo a nuestra segunda Copa del Mundo. Me fui de la casa de J.J. feliz, viéndola contenta, realizada por haber logrado la hazaña que juntos nos habíamos propuesto.

Como a las ocho de la noche fuimos con toda la familia hasta el sector de la piscina de *Key Colony* en la que mis padres habían citado a todas sus amistades para la celebración del arribo del barco y de su hijo. Pronto comenzaron a llegar las amistades. A muchos ya los conocía de mis visitas anteriores, y a otros me los presentaban por vez primera. Algunos me decían que se acordaban de mi, mientras yo intentaba poner cara de que yo también los recordaba.

También llegaron amigos de mi larga historia de visitas a la Florida. Llego Max con sus padres. Llego Gorka con su hermana, la novia de Iñaki, que ahora (una década más tarde) es la madre de mis sobrinos. Pienso en todo lo que han cambiado nuestras vidas en esta década pasada y a la vez, me quedo maravillado de cómo pasa el tiempo y en como a pesar de cambiarnos, nos deja siempre algo de lo que fuimos.

Casi todos me preguntaban por las tormentas, como habían sido. Algunos tenían una curiosidad más culinaria y otros más higiénica: ¿Como nos bañábamos? ¿Como íbamos al baño? Me sentía otra vez un *rock star* del agua. La curiosidad de la gente de ciudad me sorprendía. Siempre que conocemos a alguien que comienza un emprendimiento distinto al común de nuestras vidas, la curiosidad entra en juego.

¿Como será escalar un monte? ¿Que se siente pedalear a través de un continente? ¿De donde saca uno fuerzas para correr esas maratones de cien millas? Lo curioso para mí es como son solo unos pocos los que se deciden a concretar estas aventuras. Pienso que sería interesante si todos, al menos una vez en nuestras vidas, pudiéramos decidir hacer el viaje que siempre quisimos hacer, o escribir el libro, o sentarnos a pensar en que punto nos equivocamos de ruta, para dar la vuelta y retomar el camino de la merecida felicidad de cada uno.

Me fui despidiendo de todos los comensales, que mientras se iban agotando las cervezas, se iban retirando. Me acordé de que el lunes debía comenzar a trabajar. Una etapa nueva en mi vida, para la cual no me había preparado tanto como para el viaje que acababa de terminar. Atrás quedaría la bohemia vida de músico en Buenos Aires, las noches de lectura hasta tarde y las charlas con los amigos de toda la vida. Adelante tenía un futuro incierto, pero en el cual creía.

Hoy, desde una década más tarde, siento que estos últimos diez años han sido los más productivos y los más emocionantes de mi vida. Unos pocos meses después de haber arribado, conocí a Cynthia en un playa de Miami Beach. Me acuerdo que cuando conoció a mi papá, el viejo le pregunto a que se dedicaba, lo cual era raro viniendo de mi padre. Cynthia le dijo que estaba estudiando psicología. Mi papá entonces le dijo que conmigo tenía para hacer la tesis del doctorado. Detrás de la risa había algo de verdad.

Hace cinco años nos casamos y empezamos el proyecto de familia que hoy cuenta con Tobías y Damián. La vida no es nunca fácil. Esta llena de problemas, discusiones, conflictos en puerta y peleas. Pero también esta llena de sonrisas, de besos, de manos chiquitas de un bebe que te agarra el dedo índice y de las lágrimas que se derraman cuando ves a tu esposa amamantando al bebe que le acaba de salir de la panza de un modo cuasi mágico.

Hace diez años terminé el viaje más importante de mi vida. El **Tremebunda** fue el que me trajo hasta la familia que hoy tengo. El sueño de venirme navegando, no era solo una aventura, era el sueño de por fin convertirme en un hombre.

****

FIN

www.ingramcontent.com/pod-product-compliance
Lightning Source LLC
Chambersburg PA
CBHW031951040426
42448CB00006B/310